征服日本的圣人

王陽明

孟　琳●著

华东师范大学出版社

目 录

序　当历史成为一种消费 / 1

第一章　华丽丽的官二代 / 1

　　　活着就是为了王阳明——了庵桂悟 / 1

　　　乘云而生 / 4

　　　出身官二代 / 4

　　　羊革裹尸,壮哉 / 6

　　　只读书,不做官 / 8

　　　大隐隐于朝 / 11

第二章　忧郁的青春年少的我 / 14

　　　不一样的童年 / 14

　　　　　第一等事 / 20
　　　　　千古文人侠客梦 / 23
　　　　　愤怒青年 / 26
　　　　　千里迎亲 / 28

第三章　愤青！愤青！ / 32
　　　　　圣人必可学而至 / 32
　　　　　格竹失败 / 34
　　　　　考科举是个副产品 / 36
　　　　　结庐在人境 / 40
　　　　　男儿何不带吴钩 / 42

第四章　理学的困境 / 45
　　　　　彷徨入世 / 45
　　　　　弘治中兴 / 48
　　　　　二王的联系 / 53
　　　　　纠结九华山 / 55
　　　　　复古复古 / 58
　　　　　悟道阳明洞 / 61
　　　　　孔孟之别 / 64
　　　　　理学的困境 / 67
　　　　　朱陆异同 / 71

第五章　跟皇帝和太监死磕到底 / 75

变态的太监 / 75

正德皇帝 / 83

生存 / 86

阴魂不散,亡命天涯 / 89

明夷之卦 / 92

讲学 / 94

第六章　龙场悟道 / 98

龙场 / 98

我独向黄泉 / 103

哲学是什么? / 106

穷则返本 / 107

心即理 / 109

内心的强大,才是真正的强大 / 113

唯心唯物? / 115

贵阳讲学 / 117

知行合一 / 119

《瘗旅文》/ 123

第七章　峰回路转,柳暗花明 / 126

庐陵特产 / 126

刘瑾凌迟了 / 129

回京 / 132

《大学》之议 / 135

从滁州到南京 / 138

第八章　从书生到将军 / 142

南赣之乱 / 142

剿匪（一）——备战 / 145

剿匪（二）——漳南之役 / 148

剿匪（三）——桶冈之役 / 150

破山中贼易，破心中贼难 / 154

第九章　平叛，无功 / 157

宁王 / 157

烽烟再起 / 159

大战鄱阳湖 / 164

不怕皇帝没文化，就怕皇帝爱打仗 / 167

正德帝"勇擒朱宸濠" / 173

致良知 / 177

白鹿书院 / 180

第十章　此心光明 / 183

励精图治的皇帝 / 183

大礼议和桂萼 / 186

天泉证道 /188

两条路 /193

最后一战 /196

漫漫归途 /198

王阳明年谱 /201

王阳明语录——摘自《传习录》 /206

参考文献 /215

序
——当历史成为一种消费

　　历史是什么？克罗齐说，一切历史都是当代史。科林伍德说，一切历史都是思想史。合并同类项的结果就是，一切历史都是当代思想史。你觉得我是杜撰甚至瞎掰，贾宝玉说，杜撰的太多，偏只是我杜撰不成？

　　我以为，当代思想史的一大部分都会来源于普通大众的文化消费观。我写的历史，不是拿给历史系教授审阅的论文，也不是那种学人们豁出老命来发表在核心期刊中的研究成果，而是给大众看的一些东西，更直白地讲，是人们的消费品。

　　历史是崇高的。当我翻阅王阳明的资料时，历史不再是一位任人打扮的小姑娘，而是一个胸怀浩瀚的谦谦君子。他向我讲述着那个状元之家的小小神童，那个"萧剑平生意"的少年侠客，那个格竹不辍的好学书生，那个金榜题名的青年才俊。王阳明贬谪龙场的辛苦遭逢、重回官场的意气风发、指点疆场的非凡气度、传道授业的儒者风范，全都融在了这时而波涛汹涌时而又宁静深沉的历史长河之中，是那样的崇高，又是那样的幽远。

　　"方其搦翰，气倍辞前，暨乎篇成，半折心始。"刘勰最讨厌呢，千年之前便说出了所有写家的悲哀。是的,虽然,历史是那样的崇高,但我却只能将它扮成一个俗人。因为,他虽然也会被许多人藏之名山、束之高阁,但他也同样有义务去滋润每一个普通大众的心灵。崇高与通俗甚至低俗之间,真的就有一道不可逾越的鸿沟吗?其实,伪崇高比真低俗更让人恶心。当我们看最著名的后现代戏剧《秃头歌女》时,谁会觉得那很低俗呢?其实,那不过是几个演员在舞台上扮作二百五闲扯。

因此,请允许我以一种通俗的甚至有些二的方式去书写王阳明。我只想以一个当代人的思维和语言方式来介绍一个崇高的古人。我们是在那些崇高者对现实的绝望中重生的一代,我们在探索如何以另一种方式来融合古今文化的内涵,我们试着以更加自我和大众的方式来书写文字,抒发情怀。

当历史不可避免地成为一种消费,我们会寻找更多的方式与古人沟通。

第一章

华丽丽的官二代

活着就是为了王阳明——了庵桂悟

说到日本时,你可能知道为什么拘谨的日本人其实最搞笑,知道日本为何那么多人青睐卧轨自杀,知道日本的情人旅馆是怎么回事,知道日本女中学生的裙子为什么那么短,还能有多短? 但你可能不知道一个像乔布斯一样"活着就是为了改变世界"的老和尚——了庵桂悟。

1511 年,日本还是处在一个叫什么室町时代小岛国,但善于剽窃的恶习就已经深入人心里,于是便派了个叫了庵桂悟老和尚到北京来公派旅行,话说是旅行,实际上是为了偷"经",不过话又说回来,正如孔乙己所说,人家读书人偷书不叫偷,叫窃。废话了那么多,你可能还不知道这个老和尚究竟是谁,来北京所谓何事,难道他手里也有一个 iphone,否则怎么跟乔帮主一起改变世界呢? 了庵桂悟,日本三重县人,是艺人加藤纪子的老乡。这老头,可谓是饱读诗书,周易、庄子都极为精通,在今天上个百家讲坛什么的绝不成问题,因饱受公卿和学者们的敬重,作为幕府使者公派到北京也是实至名归。还别说,这

争夺向明朝的朝贡权：日本两个朝贡团在宁波火拼

老和尚还有几分唐玄奘的精神。来北京的时候，已然是八十七岁高龄，而且在此前一年，已经出海过一次，可是取经哪有不经过九九八十一难的，那年船到半路，又被风刮回了日本岛。这不，拼了老命又来了。哎，可是苦了这老和尚了，来北京竟然是为了见当时朝堂之上的一个叫什么王阳明的官员。他说他这辈子活着就是为了见王阳明,结果这张臭嘴还真不吉利,见了王阳明回到日本后第二年就四脚朝天了。

但日本人还真得感谢这位德高望重的老和尚,因为他给日本带回了一个类似于乔帮主一样可以改变世界的秘密武器——王阳明的心学。

在日本,虽然一了庵倒下了,但千百个"明粉"却又站起来。最牛的粉丝还得数被世人称为"近江圣人"中江藤树,他接过了了庵手中的旗帜,划时代地开创了日本阳明学。

在这位藤树先生的指引下,越来越多的人们投身到刻苦钻研阳明心学的伟大事业中。

后来,大盐平八郎还追星追出了圈,心中咬定"信阳明,得永生"的信念,发动起义,跟政府抢米,搞出了著名的"米骚动"。

这时候,真正的"明粉"时代来临了。明治维新的到来,为明粉们追星提供了广阔的政治历史舞台,明治维新前后叱咤风云、雄飞庙堂的许多俊杰之辈,如幕府制度的掘墓人西乡隆盛、明治宪法之父伊藤博文、明治三杰之一的木户孝允、日本奇兵队的创建人高杉晋作、著名的三井大掌柜井上馨和爱拽诗文的大将军久阪玄瑞等,皆出自教授阳明心学的松阴门下。他们一边唱着《阳明的故事》,一边推翻了封建幕府统治,日本改革开放富起来,日本走进了新时代!

当然,不得不提的是骨灰级明粉东乡平八郎,按理来说,小东也拥有自己浩浩荡荡的粉丝团了,而且作为日本军事史上鲜有的天才将领,他在日俄战争中率领刚刚建立的日本舰队跟俄军死磕,最终奇迹般地全歼俄国太平洋舰队和波罗的海舰队,凯旋后,立马就被天皇任命为海军部长,前途无可限量。可是在庆功宴会上,刚刚升职加薪的小东却很沉默,这是怎么一回事呢?大家疑惑之时,只见小东小心翼翼地从怀里拿出一块印章,众人一看,顿时无语了。那印章上面刻着七个字:一生俯首拜阳明。

王阳明,这个让那些日本人崇拜得五体投地,追寻得死去活来的实力派巨星,究竟是一个怎样的人物呢?五百年前,阳明先生正在生龙活虎地大破山中贼和心中贼,而五百年后,先生早已作古,当代人再去看他的古文著作,就像老奶奶看见了电视里的木乃伊,虽然她知道那很值钱,但就是不爱看。既然这样,我们就跟杨幂一样,玩回穿越,回到遥远的明朝,看看王阳明究竟有啥子身世。

乘云而生

中国的历代史书大都是宣扬封建迷信思想的大毒窝。在史书中,每一个名人的背后,都有一个华丽丽的出生经历,王圣人也不例外,《明史》上说,王圣人他妈怀孕了十四个月尚未分娩,一家子人都感到非常奇怪,大家每天必做的一件事,就是盯着少夫人的肚子,发好一阵的呆。

王圣人他奶奶岑氏天天烧香拜神,祈求大孙子快点降生,不想有一天,真的碰到了神仙,只不过是在梦中。岑氏梦见自家的房上一时烟云缥缈,仙乐萦绕,远处一群仙人驾着五色云朵从空中徐徐而来(仙人们显然也挺无聊的),其中一个穿着最时尚靓丽的天神,怀中抱着一个小孩,慢慢落在岑氏面前。天神将怀中小孩送与岑氏,并用王菲式的空灵之声告诉孩儿他奶奶,这个孩子是个天才,就交给你们养着了。说罢转身出屋,随着那些早已等得不耐烦的神仙们驾云而去。这时,烟云散去,阳光普照,一声婴儿的啼哭把岑氏从梦中惊醒,王圣人诞生了。

岑氏把她的梦境说给大家听,全家人针对怀胎时间和梦境等诸多问题展开了深入的讨论,最后,孩儿他爷爷一锤定音,这个孩子将来肯定是个厉害的角儿。圣人的爷爷还给圣人起了个名字——王云,为了纪念那些能在百忙之中抽出时间驾着云彩前来王家送子的神仙们,圣人降生的那栋房子也被命名为瑞云楼。

出身官二代

王阳明是个彻彻底底的官二代,他爹王华是响当当的状元公,官至南京吏

王阳明出生处：余姚瑞云楼

部尚书。上推几代，王阳明的六世祖王纲，乃是著名的牛鼻子老道宰相刘伯温的亲枝近派，官拜兵部郎中，国防部某司司长，在今天看来，也是厉害的角色了。

这么说，王阳明的确是官宦之后了。但是，他的粉丝们，还是不满意他的出身，怎么说？一个阳明先生这样的圣人，怎么能只是个官二代呢？于是，王圣人的身世，就理论性地跟另一位王圣人扯上了关系，这位王圣人，就是书圣王羲之。

一旦陷入了偶像崇拜的泥潭，大多数人都会变得痴傻癫狂，但例外者也有，他们会变得聪明绝顶，为自己的偶像树碑立传，保驾护航，更卓越者会在论坛上发个技术帖，来证明他们偶像的显赫出身。明粉们，就是以钱德洪、湛若水、黄绾为代表的一干人就发了这样一个技术帖，调动一切可以调动的力量来证明，王阳明的先祖，是晋朝鼎鼎大名的大好人王览。

这个王览你不熟？那他同父异母的哥哥你一定熟悉，就是那个卧鱼的王二小，年画上画的那位，就是啦！卧鱼的叫王祥，王祥卧鱼干什么？就是为了讨王览生母的欢心。后娘养的，实在可怜。

王览觉得哥哥实在可怜，卧冰求鱼都不能得到母亲的欢心，于是处处帮着哥哥，有一次，狠心的母亲居然要毒死王祥，最后关头，王览竟然挺身而出，夺过毒酒往自己嘴里灌，他的亲娘见状，差点没被吓死，赶紧上前拦住了自己的儿子，心想：我咋就生了这么个大好人儿子呢！

自此，王览的大好人名声就响彻了大江南北，人称"王大善人"。好人自然有好报，王览从此官运亨通，还泽被后世，因为他的曾孙中出了个实实在在的圣人——王羲之。

前些天我看中央台的一个法制节目，节目中在播放一个杜撰出来的案情短剧，说是一帮人为了一幅王羲之的真迹，打得死去活来。我觉得编剧可真是不开眼，拿什么说事不好，偏偏杜撰出王羲之的真迹，台湾故宫的那篇《快雪时晴帖》都不一定是真迹，这个世界上，哪来的王羲之真迹呢？若是有，我也情愿去死去活来地抢一抢，哪怕看一眼也不枉此生了。

我真的不是哄抬物价，王羲之的名声之响，在中国的历史上，不亚于任何一个名垂青史的帝王将相，他的《快雪时晴帖》是否真迹还尚存疑虑，就已经是中国最值钱的国宝了。

拉上大好人王览和"书圣"王羲之作祖先，王阳明的得票数就更高了，这就是他的粉丝们期待的结果，王圣人不光是官二代，而且还继承了优良的忠孝传统和高超的书法才能，实在是根红苗正啊！

顺情说好话，耿直万人嫌。如果你非得跑到图书馆最后一排，满面尘土地抱出《山阴县志》和《余姚县志》，在我面前翻开来仔细勘察一番，然后理直气壮地跟我说，没有，关系的通通的没有！那我也无话可说，本来就是那些历史上的明粉们硬扯出来的关系，我有什么办法。

羊革裹尸，壮哉

王阳明有据可查的先祖是王纲。元末明初，天下大乱招致群雄并起，有钱的捧个钱场，没钱的捧个人场，大家都一心要驱除鞑虏，哪怕推选个癞头和尚当皇帝也甘心，只要他是个真正的中原子民。

按民族观来说，大家都狭隘了，可是有什么办法，天下已然乱了，人民已然水深火热了，造反总该找个出气筒吧，元政府的蒙族血统就成了这个筒。

这时的王纲也想捧个场呢！虽说自己文武全能，但要说最精通的，还得说是相面算命。此话怎讲？难到堂堂的王阳明先祖是个算命先生？正是！

在古代，算命是一件恢宏的事业，它顶天立地，造福人类。

在现今，算命也是一件恢宏的事业，它坑蒙拐骗，祸害全天下。

人事有代谢，往来成古今。

从职业分类角度而言，古代的算命先生不但属于高薪职业，而且享有崇高的荣誉，备受时人推崇；而当今的算命先生则如过街之鼠，即使他不是瞎子，大家都恨不得把他眼睛戳瞎了。

因此，王阳明的六世祖王纲，是个受人爱戴的算命先生。

不要以为古代的算命先生都像现今影视剧中的那副样子，在路边支个摊子，给路上往来的叔叔大爷婶子大娘占卜未来，勘验吉凶，顺便搞个三产，买点儿糖葫芦、拨浪鼓之类的小玩意，以此来赚钱营生。这样的算命先生，在古代社会是少见的，跟现在算命瞎子倒是很像。

古代受人爱戴的算命先生，非处庙堂之高，即处江湖之远。此话怎讲？

算命先生们除了当大官的，就是世外高人。这么说吧，算命是这些人兼职做的。因为算命是一种高超的技能，在古代，只有文化水平相当高的人才能掌握。算命的职业门槛相当高啊！

正如王纲这种文武全才的彬彬君子，才能从事这样的高等职业。

古人的脑海中不存在科学和迷信的明确划分，而古人的算命职业，如果硬是以科学或者迷信来评价，其中也是各占一半的。比如相面这件事，古代的相面先生大多是高级官员，他们相面是要担负选拔人才的重任。迎面走来一个人，相面的就会依据此人的长相谈吐，估算一下这个人到底能吃几碗干饭。

对了，就是HR杜拉拉的角色嘛！王纲就是元末明初著名的"杜拉拉"，他以擅于给人相面闻名，而且还属于处江湖之远的一类方外清高人士。

有一天，王纲碰到了另一个闻名天下的"杜拉拉"——刘伯温。二人相见，没说两句话就互相吹捧起来，都说对方有惊天纬地之才，治国安邦之术。

刘伯温是个能扯腾的主儿，过了些年，他居然成了大明的开国元勋，一人之下万人之上的诚意伯。这时,刘伯温想起了王纲,觉得这个人尤其合适老朱的脾气,不骄、不躁,最关键是不贪。

于是,本无功名之意的王纲,架不住刘伯温的软磨硬泡,当然,他更怕脾气古怪的朱元璋,就硬着头皮出任了兵部郎中。此时,王纲已年届古稀,本来可以国防部司长的位置上享享福,每天喝茶看报,打发时间。但明朝出了个朱元璋,他来到人世间的任务就是让大部分官员都不得好死。

不久,王纲被调任广东参议,派往广东去镇压民变。王老爷子,这一去就再也没有回来。捐躯赴国难,视死忽如归。

同去的儿子王彦达将父亲的遗体用羊皮裹了,千里万里地拖回了禾山。这一年,王彦达刚刚十六岁。

王老爷子性本爱丘山,因交友不慎,误入官场,最后羊革裹尸而归葬禾山,壮哉!

其实,这也怨不得别人,中国古代士人,永远都在出世入世两条道路上徘徊着。这就好比一个女孩儿对自己心仪的男生,嘴上跟闺蜜说三道四,把那人数落得一无是处,拉出去喂狗狗都不要,实际上心里呢,却是爱人家爱得死去活来,只要那个男生使个小眼神儿,自己就算舍了命也得跟着跑的。

王纲呢,其他的古代士人呢,都是如此。嘴上说我爱大自然,可心里却藏着一番建功立业的大抱负,一旦随便碰到个什么机会,就顺坡下驴,立刻披挂上阵了。

虽然他们都有一颗很宅很宅的心,但是在民族大义之下,他们从来都是义无反顾,但求马革裹尸而还。在个性主义澎湃的今天,每念及此,我都有些汗颜,真的。

只读书,不做官

千里葬父的王彦达累了,虽然他刚刚十六岁。一路下来,他遍尝世态炎凉,内心一下子苍老了几十岁。王纲以文学选拔为官,朝中没有什么贵戚扶持。当然,即使在大明政府中有熟人,也躲不过朱元璋的锐利目光。因此,殉国就殉了吧,得不到任何的抚恤。

有时,看到新闻里百万大军赴"国考"的报道,我不免会想想朱明王朝。现今的公务员,肥马轻裘,快乐得像头猪,无怪那么多人挤破头也要挤进人民公仆的光荣行列;而朱明王朝的公务员则像敢死队员一样,每天把脑袋别在腰里,谨小慎微地做公仆,稍有疏忽,一不留神,咦?脑袋不见了!

王彦达也是正经的官二代了,他不但不敢叫嚣着"我爸是王纲"招摇过市,而且,他也不敢讨要什么烈士的封号,更不敢去要抚恤金。他心灰意冷地回到老家,抱定了誓死不当公务员的远大志向。

是的,那时的公务员,活着怕死,死了也死不起,盖世的功名换得一张羊皮裹身,情何以堪!

于是,王彦达给自己起了个超级神秘的外号——秘湖渔隐,过起了逍遥世外的隐居生活。洪武二十四年,御史郭纯不知搭错了哪根筋,在某月某天想起了一个叫王彦达的人。于是,朝廷在郭纯的提醒下录用王彦达为官。

王彦达一听就吓哭了,我小日子过得不错,你们休想再像骗我老爹那样骗我一把,他的儿子王与准看见爹哭得稀里哗啦的,不解地问:爹啊,干公务员不是很好吗,铁饭碗,还上五险一金呢!

王彦达一听就急了,你小子懂个屁,你爷爷就是这么被他们拐走的!不光我不做官,你也不许做官,读好你的圣贤书,公务员的事你就别想了。

王与准还是有些不明白父亲的意思,读书不就是为了考公务员吗?不然,纵有满腹经纶也没啥用啊!

可后来,王与准读史书读到了吴起的故事,哇,他终于了解了政府征召他爹去当公务员的险恶用心。

据说吴起做了鲁国的主将之后,添了一个恶心人的爱好,喜欢给他的下层士兵舔痔疮。见过贱的,但没见过这么贱的啊!有一天,一个士兵的痔疮发作了,吴先生二话没说就直接为这个士兵吸吮脓血。

这时,中国古代历史上最英明睿智神武的母亲形象出现了,就是这个士兵甲的母亲。

士兵甲之母听说这件事后,立刻放声大哭,肝肠寸断,以头抢地。邻居们连忙拉住她说:"你儿子是个无名小卒,吴大将军身体力行地替他吸吮脓血,这是光荣的事啊,你怎么哭得跟死了爹似的?"

士兵甲之母回答说:"我不是死了爹,我是将要死了儿子啊!以前吴大将军替我老公舔过痔疮,猪头老公就以为得到了无上荣耀,在战场上拼死效力,没多久就挂了。如今吴大将军又给我儿子舔痔疮,我不知道我这个遗传了痔疮的傻儿子又会死在什么地方啊。"

王与准不是猪头,他最终明白了政府征召爹的真正涵义,不过是给点现实的好处,让他爹去卖命罢了,最后落得跟他爷爷同样的结果,好可怕哦!

于是,王家的又一名光荣的隐士诞生了。

读书不考公务员,那还能干些什么呢?算命!王与准也走上了这条光辉的职业道路。

王与准将"算命职业考级必过手册"——《周易》翻来覆去地研究了几十年,并且写了厚厚的一本读书笔记——《易微》,成了远近闻名的算命专家。

前面已经说过了,算命先生在古代属于高薪职业,永不失业,而且还受人爱戴,被人追捧。

人要是有个好脑筋,想不出名都难。隐士王与准也出名了。当时,朝廷又搞起了空手套白狼的勾当,让各地选拔贤能的人出来为国家效命。出了名的王与准于是乎就被县令大人盯上了。

有一天,王先生在家里掐指一算,不好,县令大人要来抓我去当公务员了,我还是脚底抹油——开溜吧!当天夜里,他就躲进了四明山的一个山洞中,打算从此过山顶洞人的生活了。

不料县令大人也是一根筋,纠集朝廷派下来征贤的钦差大人,一起带兵来围剿王与准。

这里必须插播一下,为什么他们都那么一根筋呢?泱泱华夏,最多的就是人,何必跟一个王与准较劲呢?这就应了现今流行的一句话:21世纪最宝贵的是什么？人才！

何况是16世纪的中国呢？那时候，连书都没见过的人是大多数。社会情况完全不像现在影视剧里演的一样，随便谁就能读书，随便谁就能中状元。那时候，没有新东方，更没有蓝翔，要拥有一个高薪且永不失业的职业，就得靠家传的学问和自己的悟性。这样的人，在当时，一个县里能有几个就不错了。

因此，王与准成了县太爷向上面邀功的筹码，别说你住在山顶洞里，就算你是元谋人，我也得把你揪出来。

可是，一根筋碰上了不要命。

王与准在官兵的追捕之下，狠命一跳，掉到了山沟里。

本来已经很出名的王与准于是又一跌成名，再次登上了隐逸事业的高峰。

钦差大人扶起了摔得鼻青脸肿的王与准，语重心长地说，看你这样子估计也通不过公务员面试了，这样吧，让你的儿子代替你出仕吧。

他的儿子就是王阳明的曾祖父王世杰。球踢给了王世杰，但王家根深蒂固的不做官思想一时也改不了，王世杰也是一样，一会儿推说父亲年纪大了，需要照顾，一会儿又说母亲年纪也大了，还需要照顾。等王世杰父母都已入土了，朝廷想，这下你没话说了吧。

王世杰遁世的才能要说比他父亲更高明了，王与准只会跑到深山里躲着，王世杰则选择跑到另一个世界去逍遥，母亲去世的第二年，王世杰也追随父母而去。

大隐隐于朝

达尔文的进化论说得好：长江后浪推前浪，前浪拍死在沙滩上。

王家人世代归隐，隐到王世杰的儿子这一代，则有了一丝做官的期许。王世杰的儿子名伦，字天叙，虽然秉承了王家的隐逸传统，但在后代的教育方面则更多地夹杂了读书报国的因素。

难道王天叙想破坏祖传的风气，是的，他希望子孙们能有学有所用，报效国家。而从另外一个角度讲,王天叙心中的"隐"又比前代更加进步了,如果有人指责他坏了前辈的风气,他大概就会据理力争道,大隐隐于朝,懂吗?

小隐隐于野,中隐隐于市,大隐隐于朝。

晋代有位大哥叫邓粲,和南阳刘驎之、南郡刘尚公一块儿从事隐逸行业,不为其他高薪行业所动。但是有一天,荆州刺史桓冲带着金银珠宝,大包小行李地来见邓粲,嬉皮笑脸地请他出山去做别驾,结果呢,邓粲跟着桓冲就跑了。临走时,刘驎之和刘尚公甚为恼火,你难道忘了当初的誓言?你难道忘了我们在一起共度的每一个阳光灿烂的日子?

只见邓粲大哥微微一笑,你们只知道一门心思地隐逸,却不能参透其中的奥秘啊!朝廷可以隐,市井也可以隐,隐逸的真谛不在于你身处何方,而在于你有一颗很隐很隐的心啊!

像邓粲这样参透真谛的人,普遍认为,隐逸的入门级方式是归隐山林,每天除草种地,还食不果腹,有时甚至得跟邻居要点剩菜剩饭来填饱肚子,伟大的要饭先行者陶渊明先生就是这样做的;隐逸的中级方式是隐于市井之中,做点小买卖,或者搞点服务业等第三产业来营生,这样,温饱是可以解决了,但却不是高级的方式;高级的隐逸方式是隐于朝堂之上,高官厚禄,锦衣玉食,再加上一颗隐逸的内心,这样的生活才应该是有识之士的终极目标。

按照隐逸三部曲来说,王天叙比祖上更进了一步,他在家乡以教书为业,王家已然走出了山林,来到了市井之中。而庙堂,则是终极目标。

能出产圣人的家族,绝不是个普通的小门小户。虽然,我不提倡什么血统论,但是遗传这个事可是科学的。比如吧,我原来一直纳闷,袁世凯的几个儿子怎么会有那么大的差别呢,老大袁克定笨得像猪一样,而二公子袁克文却有天纵之才,仔细在网上一搜,我才明白,原来老大他妈就是个农村大妈,而二公子的生母则是朝鲜皇族,这位生母的姐姐,竟然是大名鼎鼎的明成皇后。家族的遗传基因是多么重要啊!

因此,王圣人他爹是个状元公,也就是情理之中的事情了。王圣人他爹王华是王天叙的第二个儿子,天叙老爷子一旦抱定了让子孙读书报国的决心,就在王华兄弟的教育上大费心思了。王华亦是不负众望，少年就早有令名，诗歌经耳成诵，读书过目不忘，人称"宇宙超级小神童"。成化辛丑年，王华一举登科，赐殿试一甲第一名，也就是影视剧中许多帅哥经常中的那个状元。

面对漫天飞舞、遍地开花的状元，我很无奈，人们听到"状元"一词，就像打了鸡血一样，会一下子兴奋起来。而在漫漫1300年的古代科举史上，也仅仅出产了504个正宗的状元，这个数字，大概还不够几部超长的历史剧分配的呢。

然而，王圣人的父亲王华，就是这1/504，够荣誉的了。要是在今天，家长王天叙肯定敲锣打鼓，大排宴席，再请上县城著名的演出团体劲爆地来几场歌舞演出。而王家呢，世代的归隐之风养成了他们"富贵于我如浮云"的处世观念，他们只是赶紧地收拾行李，跟着状元公去做北漂一族，别的实在没有多想。

古人的想法真的很单纯，他们没有电视网络新媒体，不知道别人还有那么多五花八门的想法做法值得借鉴，他们一是听书的，一是听爹的。就王家人而言，听书的和听爹的没什么区别，几辈的爹或隐或仕，都有儒者之风，没什么歪门邪道坏心眼。因此，读书的目的是什么？建功立业，报效国家——王家人骨子里的声音如是说。

第二章

忧郁的青春年少的我

不一样的童年

王阳明就在这样一个传统家庭中迅速成长成了一个红色儿童。

红色儿童到了五岁还不会说话。

老人们常说,贵人语话迟。以我看来,这必定是邻居老太太在一起互相吹捧的结果。

我家孙子都两岁了,还不会说话,唉,真愁人。

没事没事,贵人语话迟。

我家孙女的幼儿园老师说她发音不准。

没事没事,贵人语话迟。

而王圣人的爷爷,大概听这话听得耳朵都起茧子了,可他自己也得琢磨琢磨,宝贝的孙子的问题到底出在哪里,他心里明白,所谓"贵人语话迟"不过是一种阿Q精神的古代表现形式,还是应该本着科学实践的精神找到问题的症结所在。

第二章 忧郁的青春年少的我

道人径直走到王阳明面前,端详了一下,说,好个孩儿,可惜道破

正在天叙老人仔细钻研儿童语言能力的相关课题时,一个道人的话照亮了他的心灵。

一天,王阳明小朋友(那时还叫王云)正和几个小伙伴在田野里疯跑,远处翩翩走来一位跛足道人。道人径直走到王阳明面前,端详了一下,说,好个孩儿,可惜道破。说完,道人又一瘸一拐地翩翩而去,不带走一片人间烟火。

很明显,这个道人是自己闲得无聊跑过来道破天机的,还说人家道破呢,真是贼喊抓贼。

这件事以迅雷不及掩耳盗铃的速度传到了王天叙耳朵里,不愧是状元的爹,圣人的爷爷,三下五除二就参透了道人的话,王老爷子一拍脑门儿说,改名!

原来,道人的意思是王云的"云"字泄密了,本来王圣人乘云而生的事情属于天宫档案馆归档的机密性信息,没想到竟然在人间广为流传开来,这样天宫颜面何在,只好以孩子不会说话来惩戒一下。

知错能改,善莫大焉。王云改了名之后,没过两三天就开口说话了,比做个外科手术见效还快,可见,老天爷也是个心软的主儿。

王云改了个怎样的名字?——守仁。中规中矩,不敢再花里胡哨了,这明显是起名失误留下的后遗症。这个后遗症是落下了,以至于王家守仁这一代人的名字都成了一样风格,中间一个"守"字,后面则是仁、义、礼、智、信、文、章、恭、俭,一派儒家的和谐气象。

世上本无事,庸人自扰之。

在今天看来,这个改名事件跟前面的乘云而生事件一样,都是明粉们杜撰出来的事情。请不要给这些无辜的明粉们扣上封建迷信的帽子,其实,他们跟今天的媒体人是一样的,杜撰的目的无非炒作,增加知名度,聚敛人气而已。

炒作要瞄准人们的口味,八卦是现代人喜闻乐见的娱乐形式,因此,炒作就要传绯闻。而明代的人们,喜爱的是玄虚之说,越说得神乎其神,就越能聚人气,因此,明粉们就要杜撰些离奇的身世来凸显阳明先生的光辉形象。

还有一种可能,就是为尊者讳、为贤者讳,或许王圣人小的时候,的确是很晚才会说话,于是,明粉们对这件不怎么光彩的事情进行美化,添枝加叶,就成了我们今天看到的神话故事。

而生必奇异,则是远古之人留下的一种吹牛的文化传统,到了明朝甚至到了现今,都是这个样子。前些天,我还听说一个婴儿在出生时掳下了接生大夫手指上的戒指,不知这算不算古人的吹牛传统在这个拜金社会的发扬光大呢。

只要是金子就会发光,但是,圣人不是金子,不会以无限的光芒照瞎别人的眼睛,他只能用语言证明自己的实力。因此,改名之后的王守仁会说话了,他的世界也变了,他要告诉人们,我是会说话的圣人,我是会发光的金子。

冬天的傍晚,异常寒冷惆怅,家中没有暖气和空调,大家只能围炉取火,说些八卦解闷。父亲王华正在备战公务员考试,在一旁边听着八卦,边拿着复习手册发呆。倒是爷爷王天叙比较有兴致,依然在灯下勾画着竹子,精神矍铄。而全家人的和谐气氛,到了下一分钟,就会被王守仁"破坏"掉了。

"大学之道,在明明德,在亲民,在止于至善……"

小守仁在一旁无聊地数落起来,四书五经的精华之句就像"门前大桥下,游过一群鸭"一样,脱口而出,如数家珍。

众人都被雷倒了。八卦也不聊了,赶紧跑过来,关注最新的八卦。

为首的当然是爷爷王天叙,你从哪学来的这些?

父亲每天念书的时候,我就默记于心了。

小守仁若无其事地看着好奇的众人,心里盘算着,这有什么好稀奇的,我会的还多着呢。

从这件事后,全家人达成了共识——这个小孩惹不起。

其实,阳明先生的这段轶事,确有可信的部分。虽然他有好一段时间不会说话,但他的大脑却在飞速地运转着。孩子忙着思考,懒得理人,偶尔说出惊人之语来吓唬大人一下,这事是有的。

王家书香门第,自然重视对这个小神童的培养,但那个时候,没有兴趣班可报,爷爷也只能教小守仁下下象棋,以期他在今后的竞争中能有一技之长,赚些附加分。

然而,由于教育理念的差异,守仁的母亲却极力反对孩子下棋,称一切应该以学业为重,科举考试考的是八股文,不是琴棋书画,学这些雕虫小技,只能耽误数学、语文、外语的学习。

自古一家之长都是男人,但家中的琐事历来都是女人说了算,要问什么不是琐事?核裁军和全球金融危机。其他的都是琐事。

因此,当守仁的母亲将爷爷买的生日礼物——一副崭新的象棋扔进河里的时候,全家人连大气都不敢出一下。

小守仁也只能默默地承受这突如其来的打击,只好于深夜静谧之时,对着日记本寄托哀思:

象棋终日乐悠悠,苦被严亲一旦丢。

兵卒坠河皆不救,将军溺水一齐休。

马行千里随波去,象入三川逐浪游。

炮响一声天地震,忽然惊起卧龙愁。

业余爱好是小事,但远大的志向却是大事。小小的孩童以卧龙自比,可见这个孩子是不一般的。多年以后,王守仁的一番作为颇有诸葛卧龙的一派风范,也算对得起那几粒无辜的棋子了。

当古代文人内心浮出一些感慨的时候,他们会习惯性地将自己的想法通过诗歌的形式表达出来,正如我们今天,有屁大点儿的小事,也要织条"围脖",向微博粉丝们汇报一下。内心的苦楚也罢,兴奋也罢,必须发泄出来,不然憋着会得癌症,古今一也。

王守仁一生经历风浪无边,每每心潮澎湃的时候,总会将心情倾注于笔端,因此,他也给后人留下了许多精彩的诗篇。尤其是在少年的时候,王守仁对于辞章之学尤为爱好,他的骨灰级粉丝湛若水曾经这样总结过他的少年时代,说他初溺于任侠之习,再溺于骑射之习,三溺于辞章之习。

辞章诗文这件事,只凭爱好是不够的。就像现在的小孩子们学钢琴,学了一年多,只会弹个哆来咪,那还是趁早金盆洗手退出江湖吧。王阳明是不一样的,小小年纪便能出口成章,不愧是超级无敌小神童。

王阳明十一岁的时候,家中出了件大事,父亲王华高中状元,受翰林院修撰,全家人要跟着王华搬到北京去了。

上京途中,王天叙想到这次的路费大概是能报销的,于是就带着王阳明游览了许多名胜。一天,他们到了浙江金山寺,早有一帮擅于溜须拍马的文人候在那里,等着跟状元公的家属搞好关系,以图后效呢。

一老一小被众人簇拥着进了寺门,一阵寒暄过后,大家就切入了正题,开始拍马屁。

老人家培养出王状元这样的国家栋梁,请问有什么教子秘方吗?

王状元秉烛夜读之时,辛不辛苦啊?

竹轩公您平时爱读什么书,追什么星,下什么棋,看什么花啊?

少公子仪表堂堂,将来一定是个圣人!(这个马屁倒是拍得很有预见性。)

虽然人都爱听好话,但正直的王天叙一下子听到这么多甜得发腻的吹捧之词,确实感到一阵恶心,于是,他清了清嗓子,说,不如我们作诗吧!

没想到这个本来想转移话题的提议,却得到全场观众的一致拥护,有些人竟然感动得热泪盈眶,激动地说道,老人家雅好辞章,真是文人本色啊!

接下来,众人竟争先恐后地赋诗言志起来,王天叙心里或许还不明白,他们这样也是为了施展自己的"才华"来博得状元公他爹的好感呢。

最后,轮到王天叙赋诗了,早已被众人侃晕的王天叙,今日没有半点的诗意,别说作诗,话都说不利索了。王老爷子坐在那里,半分钟没迸出一个字来,斗大的汗珠到掉落了一筐。

就在这千钧一发之际,王守仁站在角落里,赋诗道:

金山一点大如拳,打破维扬水底天。
醉倚纱高台上月,玉箫吹彻洞龙眠。

众人听罢,立刻将目光转移到了这位少公子的身上。王天叙也顿时松了口气,救场如救火,他算是有体会了。

大家的拍马屁活动又有了新的主题。

少公子小小年纪,竟有如此文采,真是曹子建再世,才高八斗啊!

NO,NO,NO,比曹子建更强数倍,直追伟大的爱国主义诗人李白。

王天叙显然是被拍晕了,他还以为到了超级宝宝秀的录制现场,竟然命小守仁再赋诗一首,并且这次还要增加难度,加赛的是命题诗——《蔽月山房》。

小小的蔽月山房怎么会难倒王圣人,守仁当即诗成,曰:

山近月远觉月小,便道此山大如月。
若有人眼大如天,还见山高月更圆。

各位马屁高手顿时无语了,他们有一半完全不能参透此诗的真谛,另一半,觉得这么小的孩子竟能做出这种意境高远的诗篇来,而自己只能靠拍马屁来营生,就都惭愧地低下了头。

眩晕之中的王天叙,耳边响过孙子的吟诵之声,只感觉心中震了一下,十一岁的孩子能有如此的见地和文采,难道他王家门中又会出一个状元公?哦,不,此等才华,他爹王华小时候也是没有的,比状元还高级的是什么呢?王天叙想不出来了。

第一等事

王天叙想不出来的事情,自然有人会知道的,那就是向来战无不胜、攻无不克的算命先生。

守仁和爷爷来到京师之后,父亲王华很重视他的教育,毕竟京城的教育资源比较丰富,精挑细选之下,王华为儿子选择了一所很有名声的私立学校;据说,这个学校出产过许多名人,学校名人墙上的画像连在一起,就像是大明的高官谱。

十二岁的王守仁虽能出口成章,走笔如龙,但依然稚气未脱,爱好一些男孩子们通常爱好的事情,比如说玩骑马打仗的游戏。

一个集体逃学的午后,守仁指挥的红蓝两军激战正酣。

只见守仁手中挥舞着自制的抹布军旗,一声令下,两拨小朋友打作一团,又一声令下,两队又变换成另一种阵势,蓄势待发。

温暖的阳光照得守仁热力四射,守仁干脆脱掉了上衣,准备投入更激烈的战斗。

这时,一只大手从后面按住了守仁的肩膀,守仁大喝一声,谁敢犯我!随即用力挣脱了魔掌,并转身用抹布军旗直指背后之人。

守仁定睛一看,顿时傻眼了,其他的两队人马由于群龙无首,都凑过来看热闹了。

王总指挥怎么了?

那个道貌岸然的家伙是谁啊?

别闹了,那是王总指挥他爹,这下有戏看了。

王华强压住心中的怒火,毕竟,旁边还有那么多祖国的花朵呢,不能失了体面。

憋着想揍人的状元公开口了,我们王家世世代代都是读书上进的好学生,怎么出了你这个败家子,你这么瞎打一锅粥,有什么用啊?

那读书又有什么用呢? 守仁故作镇定,以反问来争取斗争的主动权。

读书,读书可以做大官啊,像你爹我一样,中状元当大官,都是好好读书的结果! 王华现身说法,以正视听。

父亲中了状元,子孙后代就都能中状元吗? 再说了,国家的强大,人民的安居乐业,就得靠那些中了状元的人吗? 要是边塞有外敌骚扰,还得靠军人带兵打仗,保家为国嘛! 我这是在从小锻炼军事技能呢,您说这不对吗?

王华当即没话说了,应该说,他也不想说什么了,对于这样一个志向高远、才华横溢、反应敏捷而且又臭又硬的孩子,他觉得,只可智取,不能强攻了。

圣人与普通人的区别,就在于,圣人能够随时悟道,无论是睡着醒着、参禅打坐或是挨过一顿臭骂之后。

在与父亲的这番争辩之后,小守仁的心中升起了一些疑问,人活着最重要的是什么呢? 是读书中状元当大官,还是打架斗殴作将军? 是金满箱、银满库、锦衣玉食、肥马轻裘,还是一叶扁舟,三两知己,游于江河湖海之际,放浪于锦绣山峦之间?

又一个集体逃学的午后,阳光照样温暖如玉,逃学的孩子们照样无所事事。

王守仁遇到了他生命中最重要的人物,没有之一。

这位看上去极为普通的算命先生是上天派来点醒王守仁的。

他一把揪住王守仁的衣领,把他从其他两个孩子身边拽了出来。几个孩子都傻了,难道我们不幸碰到了潜伏在人群中的督学官,专门来抓我们这些逃学威龙的。

守仁还算镇定,心想,不过是老师一顿狠批,家长一顿胖揍而已。

小朋友,你的相貌太与众不同了,来人一开口,大家都晕了,敢情是碰到了星探。

守仁依旧镇定地说,你是哪家经纪公司的,打算让我去作平面模特还是去演电视?

非也非也,算命先生严肃起来,你记住我的话,当你的胡子长到衣领那儿时,你就入了圣境;胡子长到心窝时,你就结了圣胎;胡子长到肚脐时,你就圣果圆满了。说完,人家就翩然而去了。

其他两个小朋友听到这些乱七八糟的话,沮丧得够呛。可守仁心中却是另一番景象,多日以来冥思苦想的事情,却被这位算命先生一语道破了。

生年不满百,常怀千岁忧。

人来到这个世界上,到底是为了什么?

漫漫历史长河之中,我不过是浮沙一粒,浪花一朵。

纵使我文采风流,策马扬鞭,也不过是自娱自乐,不足挂齿。

十年寒窗何足惜,一朝登第何足贵?

到底什么才是人生的根本,是什么?

是的,我要成为圣人!

这是上苍赋予我的使命,去他的荣华富贵,去他的青史留名,成为圣人,才是我最最重要的事情。

守仁得出这个结论后,心潮澎湃地去找老师讨论。

先生,何为第一等事?

惟读书登第耳!先生回答得很干脆,内容也跟父亲王华的说教如出一辙。毕竟,他们从小的教科书都是教育部统一出版发行的《四书集注》,因此,说起话来,当然众口一词,千篇一律,唉,国民教育的悲哀啊!

登第恐未为第一等事,或读书学圣贤耳!

守仁抛出了一粒重磅炸弹,炸得老师外焦里嫩。

十二岁的孩子要当圣贤,志向之远大真是闻所未闻,见所未见,天下玄事,宇宙奇谈。

从此之后，私塾先生再也不敢管王守仁了，他想逃学便逃学，想冥想便冥想，想吃就吃，想睡就睡。天才和疯子只有一步之遥，在私塾先生那里，守仁是个疯子；在历史的长河之中，守仁则是天才，是圣人，是万古长夜的一缕光辉，他来到这个世界，就是为了去照亮人们的心灵，让光明普照大地。

千古文人侠客梦

湛若水说，王守仁少年之时曾溺于游侠之习，而仔细想来，谁又不是呢？

我们的遗憾，就是不能仗剑于江湖之中，只能在金庸爷爷的小说中得到些许的自我安慰，或者干脆上网去驰骋一番，来个三国杀，在网游中将敌人杀他个干干净净。

武侠小说世界中，侠客来去自由，没有王法的束缚，他们只须独占潇洒，而这正是千百年来中国文人渴望自由，追求精神超越的愿望体现。从这点意义上讲，武侠小说是中国文人的精神桃花源。文人之所以亲近侠客，这是因为文人作为一般意义上思想者的存在，在一定程度上丧失了现实行动和实践的勇气和能力，作为一种精神补偿，文人们在文章中流露出"宁为百夫长，胜作一书生"的愿望，也就不足为怪了。"儒生不及游侠人，白首下帷复何益"，文人们只能在想象中虚构自己的欲望与满足，完成一种英雄的艺术转换。

文心剑胆侠客梦，平凡的读书写作生活有了刀光剑影的想象，生命便也平添了些许瑰丽与感动。

而少年王守仁，却比我们幸运多了，十五岁时，他便怀着仗剑去国之意，千里走单骑，驰骋于边疆塞外，纵横于落日长河之间。

在守仁的胸际之间，荡漾中传续了几千年的侠客之梦。

侠，在中国人的心中，是一座神圣的碑。

司马迁说，今游侠，其行虽不轨于正义，然其言必信，其行必果，已诺必诚，不爱其躯，赴士之厄困，既已存亡死生矣，而不矜其能，羞伐其德。

守仁一定读过《史记·游侠列传》,那是一篇能让每一个少年脑筋崩起,胸胆开张的文章,朱家、田仲、剧孟、郭解,这些人的侠义风骨,一定在守仁的脑海中刻下了深刻的印迹。虽然,班固总是埋怨司马迁歌颂游侠是在侧面鼓动年轻人"退处士而进奸雄",但班固的文采,较司马子长,显然差得太远了,一代代士人明知不可,却又没有一刻不在向往着司马公所描绘的那种风流倜傥的生活状态。

是的,游侠是一种生活状态。有些人去做游侠,为的是满足精神上的追求,就像堂·吉诃德一样(当然不像堂·吉诃德那样荒唐),他们就是那些受了蛊惑的,自动脱离社会秩序的人们。他们完全被理想化的游侠生活迷住了。人性中,尤其是男子的性情中,带着尚武的习性和对超凡力量的崇拜。而这些就驱使着他们舍弃了自己的当下的生活,去追求一种全新的生活状态。

他们对平庸的生活不满,追求不平凡的人生或更有意义的生活。华夏民族又是少有强烈宗教信仰的民族,儒家教养又是循规蹈矩的。那些追求不平凡的人们的眼光便集中到侠上。如果这些青年采取的生活方式,与古代的游侠品格有某种程度的契合的话,人们便称他们为"侠"或说他们"有侠风"。如果他们再喜欢遨游天下,便是游侠了。

少年的守仁显然曾沉溺于对那种生活状态的迷恋中。

十五岁的守仁,单骑来到了居庸关,极目远眺,大漠孤烟,荡涤胸次,这使守仁倍感自身的渺小和宇宙之深广。然而,想到不久前自己定下的志向,守仁又下定决心,即使自己是长河之中的浮沙一粒,也要掀起无边巨浪,为圣为贤而普渡众生。

他想起了他的偶像于谦,鞠躬尽瘁而被诬至死,那样的确不是人生最好的出路,不等成为圣人,肉身已赴黄泉。

不如做个游侠,习骑射,精武艺,扶危济困,除暴安良。

千古文人侠客梦,对于少年王守仁,这也只不过是痴梦一场。

因为历史还将赋予他更重要使命,万民等待的不是一个萧剑平生意的游侠。

关外一个多月的时间里，王守仁登长城、访乡贤、凭吊古战场、思考御边策，在一系列的实地调查后，他很快明白，游侠是无用的，那离圣人还差十万八千里呢。

尤其是在他和两个鞑靼人发生"走火"事件后，这个想法愈发强烈起来。

一日，王守仁骑马到了下关，正沿着两山之间的小道行走时，突然有两个鞑靼人骑着马说笑着迎面走来。守仁凭着年轻气盛，对着两位鞑靼人大叫一声，拈弓搭箭，只听"嗖嗖"两声，二人应声中箭。可怜两个鞑靼人根本不明就里，就跑来当了这个中原少年的活靶子。

无论是人还是马，遇到这种情况，第一反应肯定是跑，越快越好。两个鞑靼人还没明白究竟发生了什么事，就已经带着箭伤跑出了守仁的射程范围。

成功地吓唬两个鞑靼人后，守仁并未觉得多么高兴，相反，他沮丧起来，他觉得这样在道边窜出来吓唬人，的确不像个圣人应该做的事情。在武力上，一己之力是渺小的，一个人能吓跑两个人、三个人、十个人、二十个人，而一百个人呢？一千个人呢？

当成千上万的外族聚于边关要塞，他真的能够一夫当关，万夫莫开吗？

守仁不是追梦少年，他很快明白了其中的利弊，知道只有自己具备卓越的军事指挥才能，才能调动千军万马，维护大好的河山。

当晚，王守仁就做了个梦，梦见自己去拜谒纪念汉朝名将马援的伏波将军庙。在梦里，守仁还赋诗一首：

> 卷甲归来马伏波，早年兵法鬓毛皤。
> 云埋铜柱雷轰折，六字题诗尚不磨。

在梦中，王守仁不再追寻那虚无缥缈的游侠世界，他告诉自己，不管是马革还是羊皮，我也终将会战死沙场，裹尸而还。

圣人毕竟是圣人，中国文人们做了千年的侠客梦，到了守仁这里，不过如白驹过隙,倏忽即逝。

少年王守仁,怀着仗剑去国之意,驰骋于边疆塞外,纵横于落日长河之间。

愤怒青年

我的一个朋友曾经在我们上大学时,给教育部写了一封信,痛陈中国教育体制的种种弊端,勒令教育部限时整改,以观后效。当时,我们都刚刚学会上网,通过网络发个电子邮件什么的,都属很时髦的事,我的这个同学大概是实在没有什么邮址能发邮件,于是就选择了教育部,时人多痛斥其迂腐。

只有我在一旁默默地鼓励他,再给国务院发一封邮件吧。

我告诉他,王阳明在十几岁的时候,也曾给明政府发过邮件,提出了多点宝贵意见,虽然没被采纳,但是这个行为本身就是圣人所为,一般人是不会理解的。

走自己的路,让其他的动物们说去吧。

于是，我的这个朋友也有了圣人的情怀，给校党委发了一封信，后来呢，他果然得到了反馈，还爬到了学生会主席的高位。

他人笑我太疯癫，我笑他人看不穿。

年轻的王守仁怀揣着太多的梦想和抱负，太多与众不同的想法在他的头脑里冲撞。今天的父母，尚不能容忍自己的孩子一副"愤青"的模样，何况是在古代，守仁的父亲觉得一顿臭骂是解决问题的唯一办法。

从关外回来，守仁首先就领了一顿骂。

状元公说，你不在家好好读圣贤书，逃课跑到关外去自助游，还有脸回来，赶紧给我闭门思过！

闭门思过给了王守仁一个良好的思考环境。刚从关外回来的他没有忙着写考察报告，也没有心思去给亲戚朋友们送特产，他把自己关在屋子里，思考国家当前的局势和未来的走向，并且以一种不同于出行之前的全新视角来看待所有的问题，最终，他做出了一个很牛的决定——给国防部写信。

在明朝中后期的每一位皇帝的背后，都站着几个权倾朝野的大人物，他们或拉帮结派、操控政局，或卖官鬻爵、中饱私囊，有的爱财如命，恨不得天天搂着钱箱子睡觉，有的则爱好侦探事业，深入街头巷尾，专听小道消息和八卦绯闻。

虽然他们爱好迥异，性格和星座也各不相同，但有一点他们是相同的，就是，他们都是死太监！历史上有关太监的话题，真如滔滔江水，连绵不绝。今后，王守仁还要和另一个死太监刘瑾死磕，届时我自当详尽介绍太监变态史。

王守仁少年之时，正值成化朝大太监汪直专权，一群正常人被一个阉人领导，肯定心里是不爽的，郁结之气就要有所发泄。因此，无论是变态的太监，还是跟太监比着变态的朝臣们，都在那里勾心斗角，混乱朝政，一时朝野内外乌烟瘴气。

这时，民变的时机就基本成熟了。荆襄流民是闹得最凶的一支，人们仗着荆襄地区北有秦岭，南有大巴山，东有熊耳山，中有武当山、荆山，跨连陕西、河南、湖北三省，谷阻山深，人烟稀少，因此聚集于此，想要逃避赋役。

任是深山更深处,也应无计避征窑。

政府很快加以关注,官民狭路相逢,武装冲突在所难免。

这时,作为地主阶级一分子的王守仁,自愿做封建皇帝的走狗,上书朝廷献计献策,还想要带领一支人马,直接冲到镇压农民起义的最前线。

对于一个国家而言,稳定是第一位的,任何一个政府,都不愿看到民众作乱。荆襄流民的确有说不尽的辛酸苦辣,然而明政府过得也不是那么滋润,谁都有谁的难处,历史的对错不是我们想象的那么简单,如果我们还没有那么敏锐的辨识力,还是述而不作的好。

得知王守仁的轻狂作为,王华再次气炸了肺,也顾不得状元公的斯文体统,破口大骂道:"汝病狂耶。书生妄言取死耳。"

你得了神经病狂犬病神经官能症啊!什么都不懂,还胡说八道,他妈的找死呢!

守仁一听平时一向老成持重的父亲竟然甩出了轰动宇宙的超级国骂,立刻老实了。还是搞搞学问,免得挨骂吧。

千里迎亲

弘治元年,守仁十七岁。在过往的几年寓居京师的日子里,守仁虽潜心读书,却并未参透成圣的玄机。青葱岁月,思想的兔子在脑海里横冲直撞着,令这个少年时而迷茫,时而振奋,时而又感叹世界之玄妙,宇宙之无穷。

再有就是母亲的故去,使守仁在哀伤之余对于生命多了些思考。人生苦短,守仁对养生之术也有了兴趣,但是,当他在书市上转了一圈后,才发现,那些所谓的养生之术不过是喝杯牛奶,吃个豆子的小伎俩,因而,他又转而留意于道家,期冀在精神上,生命能走得更远。

这一年,他回到老家余姚,因为他该娶妻了。

女方家是余姚的望族,但岳父一家不在余姚。岳父诸养和时任江西布政司参议,为了表示对女方的尊重,王家决定让守仁到江西去迎亲。

诸养和与王华是至交。诸养和当年常常为江西匪盗蜂起，饥民揭竿，匪民混杂的混乱局面发愁，每有束手无策时就到京师寻找解决办法，王守仁的父亲王华时任翰林院修撰，官不大不小，与诸养和见过几次。朝中诸官都说匪盗只有清剿，但王华认为最根本的是要安民，民不聊生才成匪，观点与诸公不谋而合。此后，诸参议只要来京师，就必到王华府上拜访。

接下来的事情有点俗套，诸养和看中了时而惆怅、时而轻狂的王家大公子守仁，便和王华定下了婚约，将自己的女儿许配给了守仁。

有些书上说，诸养和是守仁远房的舅舅，我想这个说法大概是源于《年谱》上称诸养和为"外舅"，或许，还有其他的关于甥舅关系的资料我没有看到。仅就外舅而言，是远房的舅舅吗？外舅其实是古人对于岳父的一种称谓，至于为什么称谓外舅，这要讲讲中国古代氏族社会婚姻制度和血亲制度，十几万字也讲不完，我就不多说了。反正，外舅不是舅舅。

古人的婚姻，的确是讲究门当户对的，的确是讲究媒妁之言的，但这些封建思想和做法的存在也是有一定道理的，至少门当户对，出不了凤凰男、凤凰女，有时候媒妁之言比网络两头不见面还真实一些。

王阳明的婚姻就是门当户对的，而且，他要亲自到岳父家去迎娶自己的夫人，并且在岳父家举办婚礼。古人远比我们今天想象的要通脱自由，在岳父家举行婚礼，这在现代的中国社会也是无法实现的事情，男方一定觉得颜面尽失，最后闹不好，婚还没结呢，就先离了。

而守仁不但在江西南昌的岳父家举行了婚礼，而且一住就是一年多，古人的想法你别猜啊！

不想洞房花烛之夜，诸家却出事了，新郎不见了。这可急坏了诸养和，心想当初我怎么没看出你有逃婚的潜质呢！情急之下，诸公吩咐家人四下寻找，并把守好家中的各个出口，凡是参加婚礼的人只许进，不许出，眼看更深露重，不能回家的人们在诸家开起了夜场Party，既然不许回家，那就尽情享受婚礼吧。

只有新郎王守仁没能享受这场婚宴，他对诸家小姐本无什么感觉，对于杂乱繁琐的婚礼更觉厌恶,他只想自己一个人出去走走,清静一下。

守仁循着后山的一条小路一直走了下去,不知不觉中,眼前出现了一座道观,门楣上书有"铁柱宫"三个大字。既来之,则安之,道观总比婚宴令人愉悦吧。

守仁推开大门,只见一位道人正于堂中打坐,白花花的胡子倒透着几分仙风道骨。

二人随即攀谈起来,守仁本于道家养生之事就颇感兴趣,因此,对于这位道人介绍各种养生理念都不怎么抵触,"爱情诚可贵,生命价更高",守仁于新婚之夜寄兴于养生之学,倒是实践了彼多菲的理想。

深夜畅谈的确是人生一大快事,想我们当初三五好友于宿舍陋室之中,一包花生米,两三瓶雪花啤酒,畅叙幽情,一夜时间便倏忽而过了。此时的王守仁大概也是同样的心境,人生的欢愉不在于洞房花烛,而在于一场敲动心扉的深夜畅谈。

昼短苦夜长,何不秉烛游?这正是夜的魅力。

转眼拂晓降至,守仁这才想起了他该做的事情。待他悠然地踱着方步迈入岳父家的大门时,眼前的情景着实吓了他一跳,几个膀大腰圆的大汉正一字排开站在他的面前,见他进来,便不由分说一拥而上,将守仁三下五除二推进洞房。岳父大人已然无力责备这位大脑短路的乘龙快婿了,照顾女儿的颜面,才是当务之急。

婚后的王守仁在南昌过了一段相对悠闲的日子。诸养和大概是为了看住这位有前科的落跑新郎,便安排他在自己的官署当中做些事情。就像公务员的大部分时间都在上网偷菜一样,守仁在官署中,多半也不是为公务操劳,而是练起了书法。

岳父办公室的几篓纸都被报销了,对此,岳父毫无怨言,只要你不再逃跑,我就知足了。

我见过王守仁的书法作品,在我这个外行人看,那真是顺眼得不能再顺眼了。稳重而不失飘逸,肉虽不丰满,但筋骨赫然独立,余韵无穷。

无怪明朝著名书法家徐文长在评价王守仁的字时认为：王羲之以书掩人，王守仁以人掩书。由于王守仁在其他方面名气太大，以至于掩盖了他的书名。守仁是个全面发展不偏科的圣人，这对于圣人这个行业来说，都是极为难得的啊。

第三章

愤青！愤青！

圣人必可学而至

带着成圣的人生目标，王守仁困惑了好几年。几年间，他寻过书摊、找过野药、打听过和尚、咨询过老道，关键是自己也冥想发呆了好些时日，最终也没有搞懂，怎样才能成为一个圣人。

直到他遇到了一个重要的人物——娄谅，老爷子的一句"圣人必可学而至"，一语点醒了梦中人，守仁感到，众里寻他千百度，暮然回首，那人却在灯火阑珊处。

成圣不是王守仁的个人独创，儒家自古就讲内圣外王之学，意思是，你自己成了圣人，也就变成了他人的王者，儒家的修齐治平之说也是由此引申出来的。儒家为什么要提倡成圣呢？这就好比道家要得道成仙，佛家要转世投胎一样，宗教都得来点"临终关怀"，也就是告诉人们到底最后要达到一个什么样的完美状态。

有些学者认为儒家一如宗教，更有些新潮想象派学者说，孔子本身就是个大巫师，主持祭祀，规范礼仪，有时还跳跳大神儿。真伪姑且不论，但儒家的确带有宗教的某些特征，这是大多数人都肯定的。

而守仁从小就浸溺于儒家的强大氛围之下，父亲是大儒，爷爷是大儒，爷爷的爷爷也是大儒。他的成圣之心，在周围的熏陶和内心的驱使之下，越发强烈了。而又怎样成圣呢？守仁没有想好。

成婚的第二年，王守仁字也练得差不多了，岳父大人的气也顺过来了，夫妻二人便告别诸养和，返回老家。返乡途中，路过上饶，特意下船拜访了大儒娄一斋。

这一斋先生本名娄谅，字克贞，别号一斋。先生年轻时也是一个愤青，曾有志于成圣的学问，求教于四方，最后不屑一顾地说："大家所说的举子学，并非是身心的学问。"

还好，娄谅遇到了学问甚高的理学大师吴与弼，很快就拜倒在吴大师的三尺讲坛之下，从此便忠心于理学，也成了个理学家。

娄一斋告诉年轻的王守仁一句话，"圣人必可学而至"。有点头脑的人肯定会站出来跟我争辩，这叫什么高明的指点啊，除了婴儿吃奶，什么事不是从学习中得到的，这还用他说吗？

王守仁当然不是傻子，不会拿着鸡毛当令箭，关键是他懂得了娄老先生让他学的究竟是什么——宋儒之学。

孔孟之儒学向来提倡成圣，至于怎么成，却没有多说。荀子倒是讲了些成圣的办法，不外就是修齐治平之术。但是，时代在进步，人类在飞奔，他们那套学说如果没有了进一步的阐释，是很难继续发挥余热的。

再加上此起彼伏的和尚老道们凭着各自形而上的哲学体系，拉拢了一批忠实的粉丝。儒学的霸主地位岌岌可危，随时会被释、道二家PK掉。这时，二程和朱熹挺身而出，力挺儒学，并以建立儒家的形而上体系为己任。进而对如何成圣的问题，给出了"成圣"要"格物"以穷"天理"的答案。

娄老爷子正是以此点拨王守仁。

从此，守仁便倾心宋儒之学，热切期待着成圣的那一天。

格竹失败

要成圣就要格物,年轻的守仁如同抓住了救命稻草,回到老家余姚后,守仁将新婚妻子置于一旁,一头扎进了理学的书堆里。彼时程朱理学已被定为官方正统之学,《四书集注》是科举考试指定教材,因此,看到守仁天天捧着理学著作研读,家人都乐翻了天,我家的愤青终于开窍了,要像他爹一样考状元了。

孰不知守仁的目的并不在于此。

一天,应试辅导班的先生让守仁回答一个超级难的问题,只见守仁不慌不忙站在那里,滔滔不绝地讲起来。下面的同学们见守仁口若悬河,连忙翻看复习提纲,发现守仁讲的内容并不在教育部指定的考试大纲范围之内,几位学子随即向王同学投来了钦佩的目光,大呼道,彼已游心于举业之外,吾辈不及也!

别人想着中举,王守仁却一心惦记着格物。形而上与形而下的层次立现,圣人与凡人的区别真是处处可见啊。

何为格物,守仁自己起初也不甚明白。朱熹老先生大手一挥,实践是检验真理的唯一标准,你们要想格物,就要到群众中去,到广阔的社会生活中去,广阔天地,大有作为!

朱老先生又细说道,凡是天地间我们看见的都是"物",而所有的道理都散布在各个微小的物当中,因此,我们要想得到道理,就要去研究物,把道理从物中坚决地格出来。我们的原则就是,宁可错格一千,不能放跑一个。只要今天格一个,明天格一个,日子久了,就能成为圣人了。

这事在我们听着实在有点可笑,难道王守仁就深信不疑吗?是的,年轻的守仁对此深信不疑。

原因很简单,我们从小就学数学、语文、外语,到了中学还学物理、化学、生物,可是古人却不是,他们从小到大只开一门课——作文。因为我们从小就知道"春天的花开秋天的风以及冬天的落阳"都是咋回事,但古人却真的不知道,科学对他们来说,还是一扇没怎么开启的大门,因此,虽然他们有经天纬地之才,治国安邦之术,但他们实在不懂得一草一木究竟是为啥长出来的,一昆一虫又是为啥过几天就死翘翘的。

因此,伟大的科学先行者朱熹先生告诉我们,如果学好了物理、化学、地理、生物,就能成为圣人了。

守仁首先对爷爷王天叙钟爱的那片竹林下手了。此时的竹轩公王天叙已然故去,那片竹子万千宠爱尽失于一朝,不免落寞。

一天,守仁和他的好友钱某某光顾了这片竹林,二人相约前来格竹,而且在来之前已经下定了决心,不格出理来绝不回家吃饭。

没成想这俩人对着竹子望眼欲穿了几日,却毫无成果,到了第三天头上,钱同学坐不住了,他跟还在对着竹子发呆的守仁叫道,我已经好几天没吃一顿整饭了,童子送来的那几碗粥还不够塞牙缝的,再不走我就该变成熊猫吃竹子了。BYEBYE!

望着钱同学远去的背影,守仁感到一阵饥饿袭上心头,但他还要坚持,因为他要成为圣人,而不是熊猫。

到了第七天头上,守仁也坚持不住了,除了饥饿之外,他的信仰也动摇了。这些天我对竹子的感情胜似对亲爹,可是竹子却对我如浮云,啥啥也没有回报给我。难道是朱老先生的观点有问题? 守仁不敢往下想了。他起身向家门走去,没有带走一片义理。

从这件事情开始,或者之后王阳明回想起这件事情来(他自己后来提过此事),他根据此事得出了一个结论就是:天理本不应该静态的、一味的往竹子之类客观的实在物上去追求,而是应该求诸己心,而且是应该在动态中——"行"中去发掘天理。

也就说,王阳明格竹的失败,是朱熹思想的错误所导致;其也恰恰开始了或者支撑了王阳明对天理探求方法的转变,对王学来说,其是个反面教例,是个开端,这个教例也是王阳明自己拿出来举例的。而不是有些说法所认为的,王阳明因为其王学的缺陷,所以才会去猛格竹而失败,格竹失败成了结果——格竹对王学来说是因,有了之前的格竹失败,阳明以此反思朱学的缺陷,发展了自己的思想。

王阳明格竹图

具体来说,在《传习录》下卷,岳麓书社版第 330 页中,王守仁叙述了自己早先格竹子之理这件事:"大家都说要遵循朱熹的格物致知学说,但能够身体力行的并不多,我年轻时候,曾经实实在在地做过。有一年,我跟我的朋友一起讨论通过格物致知来做圣贤,决定先从自家花园亭子前面的竹子格起。我的朋友对着竹子想穷尽其中的理,结果用尽心思,不但理没格到,反倒劳累成疾。于是我自己接着去格竹子,坚持了七天,结果同样是理没有格出来,自己反生了一场大病。当时还以为自己和朋友没有做圣人的能力,现在想起来,朱熹的格物致知,从认识的对象、认识的方法、认识的目的上说都搞错了。"

考科举是个副产品

历史总是充斥着诸多的偶然性事件。

如果建文帝顺顺当当地做皇帝，如果朱棣也安安稳稳在北方做他的燕王，或许就不会有接下来的独尊程朱，明朝的社会或许会是另外一个样子，明朝的人民或许会沐浴着资本主义的春风，走入改革开放的新时代。

历史没有如果。

朱棣以不正当手段得到了皇帝的位置，为了使自己在面子上好看一些，他决定在全国范围内统一思想，尤其是对于那些好骂人好挑刺的文人，一定要把他们的思想统一到我的旗下，做永远效忠我永乐大帝的好臣民。

一个谎言需要更多的谎言去弥补，以不要脸的方式上了台，就要以更不要脸的方法来维持统治。

于是，程朱之学就成了欺骗人民、钳制思想的工具。永乐年间，朱棣以程朱思想为圭臬，汇辑经传、集注，编纂《五经大全》、《四书大全》、《性理大全》，诏颁天下，企图"合众途于一轨，会万理于一原"，"使家不异政，国不殊俗"，以统一全国思想。程朱之学原本只是一个学术流派，此时俨然登堂入室，得道升天了。

客观地讲，统治者也老不容易呢。他们要求的政权的稳定和社会的安定。但纵观古代历史，凡思想大解放大跃进的时期，都是社会最动荡的时期。先秦诸子百家争鸣，是中国历史第一次思想大繁荣时期，但是社会状况呢，群雄并起，打得不可开交，能说会道的思想家们一会儿合纵，一会儿连横，东奔西走，不亦乐乎。由此带来的是连年征战，战火纷飞。

魏晋南北朝，中国古代社会迎来了一次前所未有的个性解放时期。文人士大夫群体敢说敢为，总想把皇帝拉下马，政权也像走马灯一样不断更替，某位大哥前些天还在街市上买菜呢，过两天一不留神，当皇上了。而由此带来的是白骨露于野，千里无鸡鸣的悲催画面。

而秦始皇焚书坑儒，汉武帝罢黜百家，带来的则是政权的稳定和国家的繁荣强大。

明王朝的独尊程朱，也是在期待同样的效果。

科举和学校教育是统一思想的最好手段。

朱棣大笔一挥，划定了考试范围。谁还能傻到复习考试范围以外的知识呢。就算有一两个天真少年和愤怒青年想学点其他的新鲜知识，也得被老爹一棍子打蒙，你小子，放着正经书不看，却捧着武侠小说和日本漫画，这还了得！

于是，思想就此统一到程朱理学一系上来。

其实，二程和朱熹被后人骂得很惨，实在无辜。我本无意于功名富贵，怎奈永乐皇帝却看上了我啊！

不过也有例外情况。比如这时的王守仁，对程朱之学真的是着了迷，而恰好科举考试也考的就是这个。这就好比我打小就喜欢马克思，高中时书包里除了六本《资本论》，就没有其他的书了，没想到高考的政治就考马哲，真是走了狗屎运啊！

王守仁虽然走运，但是第一次参加会试，他却败下阵来。

难道是王守仁的水平不行？我不这么认为，明代科举取士，考的是臭名昭著的八股文。单从文章鉴赏的角度讲，每个考官的水平不一，眼光不一，因此，评判的标准肯定千差万别。守仁的文章，不一定到了哪个不开眼的考官手下，没看上，过！

而八股取士，偶然性就更大了。我记得本科的时候，我特别尊敬的一位老先生给我们讲八股文格式，还现场抄了一篇古人的八股文章。这下可了不得了，由于格式规定每遇避讳之字都要重起一行，高一个格书写，偏巧这篇避讳甚多，最后老先生因为海拔有限，竟然站在凳子上继续写，后来，黑板也不够宽了，索性写到了黑板上方的白墙上。老先生累得气喘吁吁，我们看得目瞪口呆。

八股文震撼若此！格式之严，细节之繁，罄竹难书。

因此，形式绝对大于内容。思想文采知识都不是最重要的，形式高于一切。

但八股文还是有一定用处的，比如吴敬梓在他的《儒林外史》中曾经写道："八股文若做的好，随你做什么东西，要诗就诗，要赋就赋，都是一鞭一条痕，一捆一掌血。"可见,八股文是很多文体写作的基础,这个形式掌握了,打遍天下无敌手。

因此,王守仁虽然学识渊博,才华横溢,最终落第也不足为奇,偶然性实在太强,形式主义害死人啊!

现在的学生,高考考上了好大学,有钱且好面子的家长总得在饭店摆几桌庆祝一下,顺便收点红包啥的。可王家却不是这样,公子王守仁会试下第,王家居然也大排宴席,请来与王华同朝为官的许多人一起吃喝起来。看来,守仁的独特个性,在家教上也是有源头的。

前来吃喝的官员们挺尴尬,不知说些什么好,是同情呢,是安慰呢,还是大家一起抱头痛哭一场,以示对这顿饭的敬意呢?

内阁首辅李东阳老谋深算地说,汝今岁不第,来科必为状元,试作来科状元赋。

本是一番鼓励性的虚夸之词,没想到特立独行的王守仁竟顺坡下驴了。

守仁登时文思泉涌,信手拈来,便作成了一篇《来科状元赋》。众人很不忍地放下手中的美酒佳肴,凑过来一看,溢美之词立刻随着唾沫星子四处飞溅开来,他们自己或许也不晓得,他们拍马屁的功夫远远高于他们的为官之道。

拍马屁这件事说来也怪,有时它已然变成了一种习惯,看到什么事情都要奉承两句才放心,无论这个行为本身是否会给自己带来益处。这些前来混吃喝的官员们自然也是这样的心理,习惯性地奉送几句好话,强身健体,延年益寿。

但也有席间吃得不够爽的,或许是王家的菜肴不对自己的胃口,于是便借题发挥起来,在一旁嘀咕道:"此子如中第,目中不会有我辈矣。"

是的,以守仁的才华,目中没有某些只顾吃喝的饭桶之辈,实在是正常的事情。但守仁毕竟生活在充满饭桶的社会之中,他忘记把自己也伪装成一个饭桶,其他饭桶自然对于这个不懂得低调当饭桶的异类心存不满了。

于是,来科会试,守仁再次落榜。

这次落榜,据守仁的粉丝后来讲,是因为一些小人嫉妒守仁的旷世之才,因此在取士过程中做了手脚,以至守仁再次下第。细想来,这个说法有些靠不住，科举舞弊本是掉脑袋的大罪，谁也不会傻到因为嫉妒一个年轻的举子而干出这等事来。这和今天请客送礼就能让孩子上个好学校的情况是不一样的，关乎身家性命，谁的嫉妒心也不会膨胀若此。

因此，这个说法不过是粉丝们对于守仁二次落第的回护之词，他们偶像崇拜的心情是可以理解的。

又有人说，守仁落第是因为牵连进了弘治年间的"会试泄题案"，这个说法就把大名鼎鼎玉树临风的风流才子唐伯虎扯进我们的视野了，考虑到唐伯虎粉丝团的心情，我这里就不详细说明了。此处省略一万字。

总之，王守仁两次会试落第，这就是真实的历史。

当没考中的举子们都捶胸顿足、哭爹喊娘的时候，天才王守仁虽然沮丧，却显得异常平静，他说，你们都以落第为耻，我却以落第而动心为耻。

后来他跟弟子们谈到科考之事，说，人生其实就是进考场，谁都想进，但真正欢喜着出来的却没有几个。如果你每天都在为不能欢喜着出来而焦虑，那你就会没完没了地永远困惑下去。

要走出这个困惑的圈套，守仁选择了自己的方式，他一不卖复习资料，二不搞发泄式的考后狂欢，而是独自回到余姚老家，在家乡的龙泉山下结了个诗社。

结庐在人境

难道守仁也爱看《红楼》，也迷上了结诗社这样的风雅之事。对不起，守仁的时代，《红楼》还不存在，守仁也不会无聊到跟深闺中的小姐们和深闺中的宝哥哥一样，以组织诗社来打发时光，消磨岁月。

明代中后期，文人之间十分流行缔结诗社，守仁赶的就是这个时髦。

文人们聚到一起，通常喜欢骂人。互相骂或者一起骂。

互相骂就像韩寒和郭敬明，俩人使劲掐，纠集一些粉丝，合起伙来往死里掐。

一起骂就是一些志同道合、骂趣一致的文人们团结起来一块儿骂别人。明代的文人们比较团结，骂人多采取这种方式。

比如东林,比如复社,文人们天天以骂人为己任,在挑错中寻找快乐,实现抱负。他们的诗社文社是不可小觑的,他们的宗旨是"风声雨声读书声,声声入耳;家事国事天下事,事事关心"。声声都要听,事事都要骂。吓得那些做贼心虚的大臣们人人自危,俨然一股强大的政治力量。

相比起来,王守仁的诗社单纯多了,自从确定了成圣的目标之后,守仁就过了愤青的阶段,他懂得什么能做,什么不能做。学习本领,扶危济世是该做的;看着谁不顺眼就骂他一顿,这种事是他不屑做的。

守仁缔结诗社,主要是为了怡情养性,当然,落第的落寞心情也需要他以这种方式调节一下。因此,跟他在一起的一群诗友也都是一副悠然自得的样子,他们隔三差五便开个例会,游山玩水,赋诗作文,不管是真名士,还是装名士,都是一股风流气派。

然而,文人从古至今就是贱,说好听点,就是徘徊于出世与入世之间,身在山水之间,心却在庙堂之上。因此,每一个真正的文人都不能进行一次畅快的旅行。他们的心永远游于物外。

王守仁也是如此,他并非真要投身于山水田园之中,这离他成圣的目标相去万里。我们看看他在诗社中留下的诗篇:

> 三月开花两度来,寺僧倦客门未开。
> 山灵似嫌俗士驾,溪风拦路吹人回。
> 君不见富贵中人如中酒,折腰解醒(醉酒)须五斗?
> 未妨适意山水间,浮名于我亦何有!

如果你认为王守仁要放却浮名,寄情山水了,那你就还没有真正理解中国的文人们。

李白喊着"安能摧眉折腰事权贵,使我不得开心颜",却六十多岁了,还风风火火地跟着永王李璘闹革命。矛盾无处不在,却永在文人心中。

于是,又结诗社又声称消极避世的王守仁在短暂的调整之后,就返回京城了，那里才是他的战场。

男儿何不带吴钩，收取关山五十州。

这才是一个文人，一个男人，真正的梦想。

男儿何不带吴钩

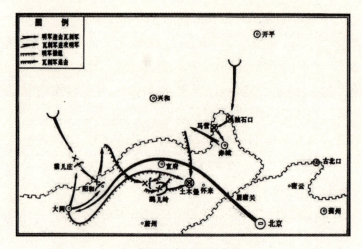

土木堡之战经过示意图

历史是本糊涂账。

土木堡之变让文官们吓破了胆，武官吓断了腿。从那以后，明朝的官员们一听打仗，个个都像寄居蟹一样，想钻进壳里不出来。

其实，土木堡之变真的那么可怕吗？历史的偶然性再一次唱了主角，结果就是打了一场糊涂仗，也先带领着瓦剌军糊里糊涂地赢了，又糊里糊涂地顺了个俘虏皇帝回来；而大明朝则是糊里糊涂地输了，还折进了个倒霉皇帝明英宗。

当时没有人真正分析过这场糊涂的战役，因为大明的官员们被这个丢人的结果给震住了。因此，一听北边又出事了，大家的第一反应就是，不能再打了，丢不起人了，集体性地患上了"土木之变"后遗症。

弘治年间，在位的是历史上公认的一位好皇帝——明孝宗朱佑樘。他"恭俭有制、勤政爱民"。晚明学者朱国桢还曾经骄傲地说："三代以下，称贤主者，汉文帝、宋仁宗与我明之孝宗皇帝。"认为孝宗是夏商周三代以后，与汉文帝、宋仁宗相比肩的贤主，评价超级高，但似乎有些过。有明一代，挑个好皇帝也不容易，我们也可以理解一下这位明朝遗老的复杂心情。

但就是这样一位好皇帝，却没有培养出一支又红又专的军队来，因为"土木之变"阴魂不散。官员们也有了自己的哲学，无论你当王振还是做于谦，都没什么好下场。

种种迹象表明，没人想打仗，也没人能打仗了。

然从古至今，凡两国的边境，总难免有点事。王守仁回到京城后，就听说北边又出事了。

这一次，他没有单枪匹马地跑一趟居庸关，而是钻进了学斋里，苦读兵书。年轻的守仁明白，跟蒙古人单挑只是少年轻狂，有朝一日能带兵打仗，纵横沙场才是一个成年人该做的事情。为此，他必须具备一个军事将领的素质。

守仁的思想和行为显然是跟当时的大环境格格不入的。人家政府都已经刀枪入库，马放南山，发誓永远不打仗了，他一个二十几岁的青年却在整天钻研兵法，面对别人看变态一般的眼神，守仁只是一笑而过，独自"聚果核列阵为戏"，你们随便笑话，我还忙着用果核摆出阵势研究兵法呢，没空理你们！

我们完全可以从守仁后来的经历中看出，研究兵法对于守仁心学思想的形成，是大有裨益的。兵书之中的种种权谋之术，不但被守仁应用于今后的实战当中，还被升华至心学思想的一部分，冷兵器时代的兵家制敌之术的核心就是斗心之术。

不管其他文官怎样，阳明是相信武力能够解决问题的，因为他的思想里不光有儒家之"尚德"，还有先贤们的尚武精神。

他读《史记》，仰慕秦皇汉武之威武雄风。他知道"秦人之俗大抵尚气概，先勇力，忘生轻死"，也懂得汉人"匈奴未灭，无以家为"，"犯强汉者，虽远必诛"的恢弘气概。还有让人神往的李唐盛世，那又是一个中华民族尚武精神的高峰。唐人用"宁为百夫长，胜做一书生"的语言直接表露着自己的人生态度："壮士耻为儒"，纷纷抛弃安逸舒适的生活，从军边塞，报效国家。他们不但意志坚决"黄沙百战穿金甲，不破楼兰誓不还"，而且视死如归"醉卧沙场君莫笑，古来征战几人回?"在这个生气勃勃的时代里，李靖大破突厥于阴山，生俘可汗颉利；薛仁贵破百济，灭高丽，朝鲜半岛北部尽入大唐国土。又有李世绩、王忠嗣、封常清等诸将如群星闪耀。那是王守仁和所有热血男儿都倾心向往的盛唐气象。

这一切都使王守仁清醒地认识到，尚武精神乃是国家之所以能鼎立不倒，文明能延续不灭的力量之源。

然而，此时，年轻的王守仁思想的冲突融合又相当激烈，他想要探寻的太多，但探寻越多，怀疑就越重，感觉思想东突西进，终究一无所获，于是对自己成圣的目标越发表示怀疑了。

第四章

理学的困境

彷徨入世

弘治十二年,王守仁二十八岁,终于考中进士,"赐二甲进士出身第七人,观政工部"。

二甲第七名相当于全国第十名。这个成绩算是对得起王守仁的才华了,但他的粉丝们并不满意考官的评判,总觉得阳明先生是文曲星下凡,本该中状元,于是又说是考官的手脚云云。这些事情像极了今天追星的粉丝们干出的蠢事,方法不是很妥当,但其情可悯。

我本想钻进故纸堆,找一找守仁当年的应试文章,但没想到,阳明先生的这篇大作竟是史上最优秀的八股文之一,人要是有了才华,真是没办法,就连八股文都写得这么才情并茂。

大凡有识之士,都会诟病一下八股文,似乎骂了八股文,才能干革命一般。

那就让我们看看阳明先生当年赖以考中进士的这篇文章,我看后的感觉就是,天才凌驾于一切束缚之上。

先介绍一下八股文的格式，八股文必须由破题、承题、起讲、入手、起股、中股、后股、束股八个部分组成。在起股、中股、后股、束股四个部分中，每个部分必须要有两股排比对偶的文字，合共八股，故名八股文。题目出自四书五经，所论内容要根据宋朱熹《四书章句集注》，不得自由发挥。

这年的题目是"志士仁人"一节。

解释一下，这一节全文为："子曰：志士仁人，无求生以害仁，有杀生以成仁。"

朱熹《四书章句集注》注解为："志士，有志之士。仁人，则成德之人也。理当死而求生，则于其心有不安矣，是害其心之德也。当死而死，则心安而德全矣。程子曰：'实理得之于心自别。实理者，实见得是，实见得非也。古人有捐躯殒命者，若不实见得，恶能如此？须是实见得生不重于义，生不安于死也。故有杀身已成仁者，只是成就一个而已。'"

下面就是1499年考生王守仁的文章：

（破题）

圣人于心之有主者，而决其心德之能全焉。

（承题）

夫志士仁人皆有心定主而不惑于私者也，以是人而当死生之际，吾惟见其求无愧于心焉耳，而于吾身何恤乎？此夫子为天下之无志而不仁者慨也，故言此而示之。

（起讲）

若曰：天下之事变无常，而生死之所系甚大。固有临难苟免，而求生以害仁者焉；亦有见危授命，而杀身以成仁者焉，此正是非之所由决，而恒情之所易惑者也。吾其有取于志士仁人乎？

（入手）

夫所谓志士者，以身负纲常之重，而志虑之高洁，每思有以植天下之大闲；所谓仁人者，以身会天德之全，而心体之光明，必欲有以贞天下之大节。

（起股）

是二人者,固皆事变之所不能惊,而利害之所不能夺,其死与生,有不足累者也。

是以其祸患之方殷,固有可避难而求全者矣,然临难自免则能安其身,而不能安其心,是偷生者之为,而彼有所不屑也。

变故之偶值,固有可以侥幸而图存者矣,然存非顺事则吾生以全,而吾仁以丧,是悖德者之事,而彼有所不为也。(两股)

(中股)

彼之所为者惟以理,欲无并立之机,而致命遂志,以安天下之贞者,虽至死而靡憾。

心迹无两全之势,而捐躯赴难,以善天下之道者,虽灭身而无悔。(四股)

(后股)

当国家倾覆之馀,则致身以驯过涉之患者,其仁也!而彼即趋之而不避,甘之而不辞焉。盖苟可以存吾心之公,将效死以为之,而存亡由之不计矣。

值颠沛流离之余,则舍身以贻没宁之休者,其仁也!而彼即当之而不慑,视之而如归焉,盖苟可以全吾心之仁,将委身以从之,而死生由之勿恤矣。(六股)

(束股)

是其以吾心为重,而以吾身为轻,其慷慨激烈以为成仁之计者,固志士之勇为,而亦仁人之优为也。视诸逡巡畏缩,而苟全于一时者,诚何如哉?

以存心为生,而以存身为累,其从容就义以明分义之公者,固仁人之所安,而亦志士之所决也,视诸回护隐伏,而觊觎于不死者,又何如哉?(八股)

是知观志士之所为,而天下之无志者可以愧矣;观仁人之所为,而天下之不仁者可以思矣。

欣赏这样的文章,看不大懂没关系,关键是懂得作者的气势。守仁之文,于八股绑缚之中游刃有余,理气贯通,不愧为圣人之文啊!

凭着这篇足以传诵千载的锦绣文章,王守仁开启了并不锦绣的仕宦生涯。他还执着于成圣的理想,然而,面对苍茫大地,生灵疾苦,他还是走上了古往今来无数士人都走过的那条道路。

生活就如冷水煮青蛙,王守仁也跳入了冷水之中,等待他的是面目狰狞的官场,冷酷的人心,这些皆如洪流一般在他周身沸腾,企图将他和他所有的良知都化为乌有。

王守仁难道不知?

而带着千古士人建功立业的梦想,他于彷徨之中走入了无边黑暗的官场。

弘治中兴

弘治十二年,王守仁入朝为官。

客观地讲,大明朝的官员,能够在弘治年间为官,应该是件比较幸运的事情了。尤其是像王守仁这样有理想,有抱负的热血青年。

弘治皇帝,明孝宗朱佑樘,不仅比他的"御姐控"父亲和败家子儿子强很多,还比其他大部分的祖宗和子孙们都正常一些。大概跟朱元璋的卑微出身有关,有明一代,昏庸到变态的皇帝着实不少,有所谓玩物丧志的,有所谓荒淫无度的,有所谓不务正业的,有所谓天生受虐狂妒忌心理极端严重的。而在林林总总的变态丛中,孝宗皇帝可谓正常得都有点不正常了。

他励精图治,勤于政事,还在另一方面创下了中国古代帝王之最——他一生只钟情张皇后一人,始终恪守一夫一妻之道。

但历史总是以各种各样的形式来愚弄人类,而这次,是用生命。这位秉性善良宽容的青年皇帝,历史只给了他短短三十六岁的生命,而他却开创了明朝276年历史上一个辉煌的时代:弘治中兴十八年。

孝宗皇帝以他的坚韧与平实,为大明帝国留下了一个属于自己的时代。

历史学家们关于盛世啊、中兴啊这些词用得太多了,纠结历史真相,到底有多少真假,这些盛世、中兴的肥膘之下到底注了多少水,我们不得而知。

有人用十二个字为标准来衡量盛世的状态:政通人和,文化繁荣,国富民强。如果以这个标准去评判,中国历史上的许多盛世其实是不合格的。而许多真正做到了这十二个字箴言的时代,却在历史的变迁与人为的掩盖里,渐渐的淹没于岁月流转的尘烟中。

我总结了一下,大凡历史上的所谓盛世都会出一个爱好吹牛皮,喜欢往自己脸上贴金的皇帝,我觉得,这个皇帝才是所谓的盛世的真相,中国古代史简直就是一场皇帝们的吹牛比赛。

而明孝宗朱佑樘恰恰不是这样一个爱好贴金的皇帝,因此,当我们口称秦皇汉武之时,没有人会想起他,一个真正的好皇帝。

在几千年的吹牛比赛中,我只能从数字中找到一些历史的真相。弘治年间,赋税和人口都在比较稳定地增长,从弘治元年(1488)至弘治八年(1495),人户由 9113630 户增至 10100279 户,至十四年(1501)更增至 10408831 户,十七年(1504)达 10508935 户,口数则由元年的 50207934 口,增至十七年的 60105835 口。

十八年的时光或许在历史的长河里微不足道,但假如真的能够玩穿越的话,我相信那会是一个很多人愿意去前往的时代。这是一个被历史所遗忘的时代,却最符合对于盛世评判的所有公共标准。

幸运的是,王守仁在弘治年间入朝为官了。面对这样一个励精图治且性格温柔的皇帝,王守仁也不免有要求进步的冲动,因此,刚刚戴上乌纱,他就像皇帝进言:

臣以为今之大患,在于一些大臣外托慎重老成之名,而内为固禄希宠之计。这帮人抑制大公刚正之气,专养怯懦因循之风。于是,忧世者,谓之迂狂;进言者,目以浮躁。长此以往,衰耗颓靡,朝纲不振,有识之士,无不痛心疾首。而近日的边陲之患正是上天在警醒陛下,革故鼎新,改弦易辙的时机到了啊!

接着,他又提出八项措施供皇帝参考,内容涉及经济、政治和军事,所虑甚深,所思甚广。

王守仁虽然才思过人,提出的建议也是切中要害,但提意见的人和被提意见的人都清楚,完全做到这些事情,是完全不可能的。政治就是这样的,所有参与的人都晓得,政通人和只不过是一种美好的愿望。

即使是在弘治中兴这十八年中，国家由上至下，也存在诸多的矛盾和弱点，这并不是几条整改意见就能解决的问题。守仁虽然还是个热血青年，但这点还是懂的。

弘治元年(1488)，马文升初任都御史时曾陈时政十五事："选廉能以任风宪，禁摭拾以戒贪官，择人才以典刑狱，申命令以修庶务，逐术士以防煽惑，责成效以革奸弊，择守令以固邦本，严考课以示劝惩，禁公罚以励士风，广储积以足国用，恤土人以防后患，清僧道以杜游食，就怀柔以安四裔，节费用以苏民困，足兵食以御外侮。"

这些跟王守仁的意见一样，其实都是些人所共知的治国道理。但能否实施，关键在于统治者能否去施行。于是又回到了一个人事问题上。倘若还是那批权奸佞臣当道，再简单的道理也是没有用处的，因为他们的心思无非在怎样巩固自己的地位和势力，至于国家、朝廷、百姓，则无心顾及了。可喜的是孝宗一上台便有用贤去佞之举，这些显而易见的治国道理也便成为君臣共遵的原则。

显然，守仁的上书只是浩若烟海的臣子上书中的一个小亮点，就算是孝宗皇帝再励精图治，也不会把一个二十几岁的小官吏的上书太当回事，获得"上嘉纳之"，已经是很不错的成果了。那么，守仁上书，额外的目的，就是为了能够引起这个好皇帝的注意。

顺便说一下王守仁此次上书谏言的缘起。这一年，大明朝的上空有流星划过天际，这就是中国历史上著名的灾异之象。大凡有灾异出现，皇帝们多颁《罪己诏》，说这事啊，是我的错啊！大臣们呢，都要上书言事，提提意见，找找茬，以证明自己还有生命迹象。

关于灾异，我整整研究了三年，最终得出了四个字的结论——胡说八道。

阴阳五行爱好者们要集体跟我死磕了，为什么是胡说八道，历代正史上的《天文志》《五行志》难道都是瞎掰，你也太不靠谱了吧？

我还是用事实来说话。

西汉成帝绥和二年(公元 7 年)，天文台观测到了"荧惑守心"的天象。这个荧惑守心,大概就是指火星在心宿转悠的天文现象,别的我就不多说了,反正是一件阴阳家们非常不看好的现象。

当朝的丞相议曹李寻是个兼职的阴阳家,他就上书跟皇帝说,不好了,要有大灾难发生了。皇帝问他怎么办呢,是不是要搞一艘诺亚方舟逃跑涅?李寻晃悠着脑袋说,不用了,只要朝廷中最厉害的大臣"尽节转凶"就行了。

当时最位高权重的大臣莫过于宰相翟方进了。于是翟方进被汉成帝赐了毒酒自杀。而后,翟方进死没几天,汉成帝突然暴毙,王莽后来称帝,翟方进之子翟义起兵反王莽。历史又混乱起来了。

翟方进这个人其实还是个人才,但他在历史出名不是因为他的生,而是由于他的死。他是中国历史上第一位因天变而死的宰相。但他的死确实有点怨,因为据台湾学者黄一农推算,在汉成帝绥和二年,根本就没有发生过荧惑守心的天象。

事实是,某些所谓阴阳家编出了一个天象来混弄皇帝,迫使翟方进自杀。

政治,这就是政治。

荧惑守心或者其他一切灾异现象只不过是政治斗争的工具。说有就有,说无就无,哪管阴阳五行还是天地玄黄。

子不语怪、力、乱、神。儒家思想占统治地位的中国人的大脑中,从来都对神明不太当回事。有用时就拿来,没用时根本就想不起来。

中国人的逻辑是,有灾异可以上,没有灾异创造灾异也要上。

黄一农先生还证实,以科技手段推算,中国史籍中记载荧惑守心共二十三次,但有十七次是伪造的。中国历史上实际发生过的荧惑守心则共有三十八次,且在中国史籍多无记录。

我就不去考究弘治十二年这次灾异的真实性了。但有一点大家都明白,这只不过又是一次人为制造的政治事件。每一个政治人物都各怀鬼胎,盘算着在这次灾异现象之下,到底能揩多少油水。

王守仁在这次灾异事件下的上书,很正常地入泥牛入海,或许守仁自己也不甚挂怀,官场之事,在他父亲那里,也学得一二。

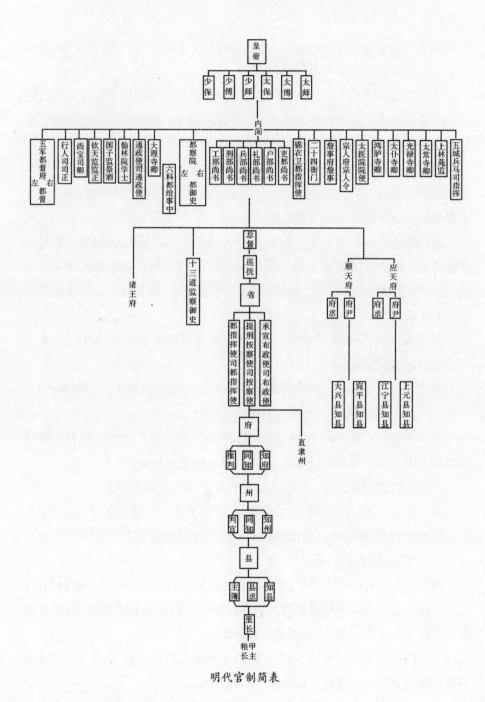

明代官制简表

二王的联系

　　守仁上任了,皇帝委派他以钦差的身份去督造威宁伯王越的坟墓了。督建工程的事是王守仁所在的工部的分内之事。工部大致相当于今天的建设部。古人所称六部衙门,指的是工、刑、兵、礼、户、吏六部。

　　六部制发展到明代,已经相当完善了。

　　简单介绍一下明代的官制。内阁:起初由模范皇帝朱元璋设立,为自己处理文件的秘书机构。内阁大学士一般三到五人,官阶很低(正五品)。随着后面的皇帝一个比一个懒,内阁大学士承担起处理政务的重任,内阁成了实际上的最高权力机关。"三杨"(仁宣时的三大名臣杨荣、杨溥、杨士奇。明称贤相,必首"三杨")之后,内阁阁员一般兼任六部尚书,并且非翰林不得入阁,于是入阁拜相便成为每一个文官梦寐以求的事,而由此引发的掐架对骂、暗算谋杀等政治事件层出不穷,愈演愈烈,成为明朝一道独特的风景。

　　六部:吏部、户部、礼部、兵部、刑部、工部(排名要分先后)。六部各设尚书一人(正二品),直接对皇帝负责,尚书之下有左右侍郎(副部长)、郎中(司长)、员外郎(副司长)和主事(处长)。

　　都察院:直属于皇帝的监察部门,下设左右都御史(正二品)、左右副都御史(正三品)、左右佥都御史(正四品)。再往下设十三道监察御史,分管每个省的监察工作(明朝有两京一十三省)。十三道监察御史与直属于皇帝的六科给事中统称"科道",就是通常所说的言官。

　　六科:分为吏、户、礼、兵、刑、工六科,每科设都给事中(正七品)、左右给事中与给事中(从七品)。给事中品级虽低,权力很大,皇帝交给各部办理的工作每五天要到六科那里注销一次,如有拖拉或办事不力者,六科直接向皇帝报告。六科还参与官员的选拔、皇帝御前会议、审理有罪的官员。最重要的是六科有封还皇帝敕书的权力,皇帝的旨意如果六科认为不妥可以封还,不予执行。

翰林院：相当于中央党校。翰林院的首长叫翰林学士(正五品)，下设侍读学士、侍讲学士各两人(从五品)，侍读、侍讲各两人(正六品)。修撰(从六品)考中状元后立即授予此职，编修(正七品)考中榜眼、探花立即授予此职。翰林虽无实权，但从翰林院出来的人大多成为高官，乃至内阁首辅。

此外还有大理寺(最高人民法院)，与刑部、都察院构成三法司。

太常寺：主管祭祀。

光禄寺：主管宴享。

太仆寺：管马。

鸿胪寺：接待外宾。

王守仁所在的工部，虽然没有什么行政大权，但油水颇多。工部直接管辖的是全国大大小小的房地产开发商，随便哪个地产大鳄送个小礼，也够官员们消受多时的了。即使不这么做，还有许多修理地球的任务等着工部的人去忙活，用大脚趾也能想出来，工部的官职是个肥缺美差。

但守仁的理想是成为圣人，并非发家致富。可以说这个职位并不适合他。

但圣人毕竟是圣人，他能创造条件，于无中生有，只要心向往之，在哪里都能成圣。

不知弘治皇帝或是工部主事的人们是不是真的有什么先见之明，但派王守仁去督造威宁伯王越的墓，实在是件很神的事，他们难道看到了王越与王守仁之间，于冥冥中存在着某种联系。

这个联系就是，整个明代，文臣封伯者前后十人，而以战功封者仅三人：靖远伯王骥、威宁伯王越、新建伯王守仁。三位"文臣武功伯爵皆姓王"，被认为是"皇明奇事"，王阳明的大同宗王世贞(后"七子"领袖)曾对此连称"大奇、大奇"。

更奇的是，据说王守仁年谱中讲，守仁早年曾经梦到过王越赠送弓箭给他，难道说这弓箭就如同江郎之笔，代表着超自然的能力？

这个王越的确是个跟王守仁一样地神人，他的同僚在他死后这样评价他："王公督师南徼，扫荡烟云，武矣，视摧毁强胡之武，何如也！名登甲第，职列司马,文矣,视不假雕琢之文,何如也!"

文武双全的盖世英才,难道王守仁真的于冥冥中得到了他的真传,抑或是,在他奉命督造王越墓时获得了某种神秘的力量。历史就任凭粉丝们去粉饰吧!

事实是,王守仁在督造王越墓时,的确没有闲着。他将工地当成了战场,预演了一下自己的统御之才。他组织工匠们演练"八阵图",并号召大家苦干实干加巧干。一项不太起眼的工程,真的成了王守仁的用武之地,完全的军事化管理使他的团队迅速、保质、保量地完成了建墓的任务。

任务完成后,二十九岁的王守仁授官刑部云南司主事。这个正六品的官相当于现在公安部分管云南省案件的处长,地方报到刑部都是人命关天的案子,这个职位有实权,而且也很能锻炼人的能力。

王守仁在对于案件的揣摩之中,似乎也悟出了一些人情与法理的道理,于是办案愈发娴熟。第二年,由于办案得力,王守仁被派到江苏淮安会同地方官审决重犯。

王守仁拒绝了地方官员安排的吃喝应酬,一心扑到了审案上,于是,一批冤假错案在王守仁的手下得到了平反昭雪。

但王守仁毕竟不想做福尔摩斯,他想成圣,而整天断案的生活未免离他的理想有些遥远了。

纠结九华山

这个阶段,王守仁心情的总体格调有些灰暗。

本想入世为官,大展宏图,但上书陈言边务,却得不到丝毫的重视。两年间,担任的都是些闲散的小官,这与自己的远大抱负相去甚远,更不用说成圣为贤的终极目标了。

怀着烦闷的心情,守仁登上了九华山。游山玩水是古人排解郁闷的一种方式,由于他们没有电子游戏和网络,因此山水就是他们的发泄工具,到处涂抹一番，倒成了我们今天顶礼膜拜的文化古迹。

王守仁一生都不怎么与和尚交往，只有这次例外。他在九华山投宿于化城寺，并和寺中的实庵和尚颇有互动。守仁对这个外形不错的和尚颇有好感，就在和尚的画像上题词：

从来不见光闪闪气象，也不知圆陀陀模样，翠竹黄花，说什么蓬莱方丈，看那九华山地藏王好儿孙，又生个实庵和尚。噫！哪些妙处？丹青莫状。

丹青莫状，灵动的文字却能绘得出。大手笔一出，果然不一样。

实庵和尚为了感谢守仁将自己描绘得如此完美，就给守仁介绍了九华山中的两位神人。当然，实庵只是指指路，自从三国之后，神人都落下了一个臭毛病，他们都要跟诸葛亮一样，需要访客们去亲自"顾"一下。

王守仁带着无比敬仰的心情拜会了第一位神人——蔡蓬头。

蔡蓬头是个老道，很牛的老道。见到王守仁，一副不屑的样子。守仁一见他这个傲慢劲儿，更加激动了，心想真是遇到了高人，便客客气气继续请教，心理素质非常强大。蔡蓬头被问烦了，扔下两个字"尚未"，就起身走到后厅去了。王守仁当然不甘心，又跟到后厅追问，蔡蓬头还是说"尚未"。

守仁软磨硬泡，蔡蓬头终于不说废话了，你虽然以隆重的礼节待我，终究还是一副官相。说罢，一笑而别。

第二位神人是地藏洞的一位异僧，坐卧松毛，不吃熟食。守仁听实庵说起此人，便背起登山包上路了，他攀绝壁、走险峰，好不容易找到了这个和尚。

和尚假寐，想试验他道行深浅，被阳明一眼看穿。守仁不慌不忙，在他身边坐下，摸他的脚。和尚觉得他不是个酸腐文人，就"醒"了，道："路险，何得至此？"

守仁没有回答他，只说自己想讨教修炼上乘功夫的方法。和尚见他对佛学颇有见解，便同他谈论大乘教义。俩人越聊越投缘，大有相见恨晚之感。18年后，守仁重游九华山，而异僧早已远去，不禁发出"会心人远空遗洞"的感慨。

守仁心向佛道，却遇上了这么两个不着调的主儿，一个说，你不适合我们阵营；一个干脆告诉他，你还是回去研究你的理学吧。

守仁彷徨于雾气弥漫的九华山中,静不知心之所属,动不知身往何处,颇有进退失据之感,纠结之中,写下了《九华山赋》。

这是一篇文采富赡,思想却很不搭调的赋。

守仁时而觉得佛道之事很令人神往,便说:"吾其鞭风霆而骑日月,被九霞之翠袍。抟鹏翼于北溟,钓三山之巨鳌。道昆仑而息驾,听王母之云璈。呼浮邱于子晋,招句曲之三茅。长遨游于碧落,共太虚而逍遥。"

时而又觉得很难放下儒者的淑世情怀,吟曰:"彼苍黎之缉缉,固吾生之同胞。苟颠连之能济,吾岂靳于一毛。矧狂胡之越獗,王师局而奔劳。吾宁不欲请长缨于阙下,快平生之郁陶。顾力微而任重,惧覆败于或遭。又出位以图远,将无诮于鹪鹩。嗟有生之迫隘,等灭没于风泡。亦富贵其奚为,犹荣萑之一朝。旷百世而兴感,蔽雄杰于蓬蒿。吾诚不能同草木而腐朽,又何避乎群啄之呶呶。"

自屈原之下,中国的文人们都在出世与入世的矛盾中纠结着,志满意得之时心怀天下,稍尝了一点辛酸,就想躲进佛老的大伞下寻求心灵慰藉。兼济也罢,独善也罢,问题的关键其实并不在于外部环境的变化,而在于几千年中国知识分子养成的这种矛盾的性格习惯。

年轻的王守仁又何尝不是?

然而守仁则异于以往之人,他不囿于文人之性格的牢笼之中,终生都在寻找着突破魔咒的途径,而这条路,也正是王守仁成为圣人的道路。

但九华山中的王守仁,还未能参透玄机,他正在迷茫之中东突西进,在儒释道中左右徘徊。

另外,王守仁关注释、道二家,还有一个重要的原因,就是他自己的身体健康状况。

守仁从小身体素质就很差,二十岁左右得了严重的肺病。当时还没有链霉素、青霉素等抗生元素,肺病几乎就是绝症,如果稍不注意,就会呕血。

身体是革命的本钱。守仁由此便一直关注道教的养生之术,以至于新婚之夜还能丢下新娘跟一个老道去谈养生。

守仁四处打听调养他身体的办法，终于有个半神半医的老道给他开了药方，每天需要吞服极少量的砒霜。王守仁从来都是脸色铁青，和他常年吃砒霜有直接关系。吃砒霜治肺病这个药方现在被称为偏方，而这个偏方当时的确维持了王守仁的生命。

　　由此，他便更加笃信道教的养生之术了，在九华山中拜访那两位神人时，还不忘追着人家问养生的事。无论是圣人或是傻子，生命都是第一位的，无可厚非。

　　道教历来专注于养生之术，道家却不是。有人将杂糅了杂家学说与民间的方术、传说信仰等乱七八糟东西的"杂牌军团"道教混同于道家，实在是使老、庄二人含冤不白。但道教自创立以来，一直打着老庄的旗号，以道家学术思想的内容为中心，借他人酒杯，浇自家块垒，也造成了人们的混淆。

　　本来中国人便是实用主义，进庙就烧香，见佛就作揖，对自己有用的宗教就信，没用的就拉倒，谁管你什么源头，什么区别呢。

　　守仁是个学问人，自然懂得二者的不同，不过在关乎身体健康的问题上，也管不了许多，无论是道教道家还是释教，只要是对自己的健康有益的，都是好猫，都要抓来养一养。

　　在各种矛盾心理的簇拥之下，王守仁摸索前行，直到阳明洞之悟。

复古复古

　　彷徨之中的王守仁回到京城，他发现此时的京城变样了，仿佛一夜之间进入了愤青的时代。

　　街头巷尾人们的议题都成了"复古"，是的，复古！

　　明代的愤青们不同于今天的愤青，现在的年轻人讲新潮，求时髦，恨不得一个月换一部新款手机，但明代的愤青们却有怀旧情结，他们的追求也不在物质，而在精神，他们倡导诗文复古，而且将此风越扇越大，直吹得人心惶惶，迎来气象万千。

古人以文学为盛事，而复古则是盛事中的盛事。为何要复古？因为对现状不满。那为何不是改革而是复古？因为古人喜欢拉大旗作虎皮，打着革命前辈的名义搞改革，这样，改革才会搞得名正言顺，有理有据。

明永乐年间后，以解缙和"三杨"为首的"台阁体"成为文坛的圭臬。台阁体作家大多长期深受理学的熏陶，又值承平之世，一味颂扬圣德、歌咏太平，应对赠答，雍容和雅，在学术思想和文学观念上趋于纯正、保守。诗文以欧、曾为师，力求平正典雅，纡徐婉折，而流于卑冗不振。

这个"台阁体"似于唐初上官仪他们的那种"上官体"，都是在天下太平的情况下，一些馆阁大臣们吃饱了没事干消磨时间的文学产物。《诗》三百，大抵圣贤发愤之所为作。这种如同消食片一样的诗文，毕竟毫无灵性，是死的文学。

当然，还有更"死"的文学。

从景泰到弘治初，还产生了以薛瑄、吴与弼、陈献章、庄昶等人为代表的所谓正宗理学诗派，极力推崇邵雍，以玩物为道，以诗言理，在诗中掺杂理学话语，枯瘠质木，味同嚼蜡，理学气十足，击壤打油，更为不伦不类。

面对这样死气沉沉的文坛，一帮愤青们再也坐不住了。

弘治时，茶陵派崛起文坛，宰辅李东阳主文柄，天下翕然从之。

汉诗的朴茂浑成，建安的清健风骨，唐诗的高华风韵，宋诗的沉潜隽永，已皆成绝响，成为文人心中萦绕不去的梦境。于是，重倡盛唐以前的诗歌创作风尚，挽救古典诗歌的衰落与异化，返古昔而变流靡，力图以古代诗文的高格逸调，来纠正当时萎弱平庸的文风，就成为他们唯一的选择，因而也成为时代的要求。

以李梦阳、何景明为首的"前七子"及其周边愤青们高举复古大旗，誓要力挽狂澜，直追汉唐。

当然，文学思潮从来就不是孤立产生的，它背后，永远都站着思想这个巨人。

因此，复古运动也不仅仅是文学上的一场变革，其兴起与弘治朝政治及士大夫心态也有着密不可分的关系。以李梦阳为主导的文学复古运动，其意义就是要隔断同宋代文化主流，特别是理学的联系。

明王朝推翻了异族统治，恢复儒学正统，重建汉官威仪，是继汉唐之后又一个汉人建立的大一统王朝，这无疑极大振奋了士人的精神。因此，自明初以来，士大夫就抱有一种强烈的信念，以为明朝开国是天地重辟，日月重光，是古今一展抱负的一大运会，恢复汉唐盛世的机会终于来到了。

在明人心目中，他们的时代是一个可与秦汉媲美，该与盛唐比肩的时代，他们真诚地信仰着这种观念，虽经"靖难"而不弃，历百年而不衰，形成一种奋发向上的精神风貌。

而弘治一朝，应该说是明代政治最开明的时期。朱祐樘登基后，能体察民情，勤于政事，罢斥奸佞，任用名臣，对朝臣的直言进谏也颇能容纳，朝政一清。在明前期发展的基础上，社会经济政治文化都呈现出兴盛景象。

身逢这样的时代，以李、何为代表的一批青年士人，对政治倾注了极大的热情，他们以天下为己任，以盛世为目标，以远古圣贤自期，以千秋功名自许，在这种观念驱使下，复古派诸子大多以劲节直声而著称，充满了政治责任感，为国事奋不顾身，不惜肝脑涂地。他们在文学上对汉唐风貌的执著追求正是出于这种强烈的振兴当代、复归盛世的政治热情。文学上表现出的审美精神与其政治激情是相一致的。

但是，文学之复古还是显现出其单薄的一面。尤其是李东阳，身居阁臣之高位，虽欲有所改革，终不免萎弱，与馆阁之体无异。《四库总目提要》评价说："成化以后，坐享太平，多台阁雍容之作，愈久愈弊，陈陈相因，遂至啴缓冗沓、千篇一律。"

王守仁的目光很毒辣，他敏锐地看到了复古一派的弊端：虽然心慕汉唐，却只能跌入台阁体的泥潭。因此，悟出此意之后，不复措意文辞，一心讲学传道，他相信，只有思想的变革才是一切变革的基础。

后来到正德二年刘瑾弄权之后，李、何等人虽散落各地、居于困厄、聚首无由，却不改初衷，不移信念，不弃复古之学；而一部分复古派成员经此世变后，则弃文入道,如何塘、崔铣等,皆步王守仁之后尘。

悟道阳明洞

对辞章之事失却兴趣的王守仁回到了绍兴,对于北漂一族来说,身体与精神一样,都得受些折磨,才显得有点"漂"的味道。王守仁的身体状况每况愈下,回到绍兴老家,他的多半目的是为了调养身体。于是,疾病再一次把王守仁推向了道教。

守仁在家乡四明山的阳明洞中过起了山顶洞人的生活。他想起了新婚之夜铁柱宫那个道人讲到的养生之法,于是,在阳明洞中专心修炼道家的导引之术。

导引之术是一种似于气功的养生之术,上自汉魏,下至明清,总有些信众跟着道士们学习导引。1973年湖南长沙马王堆3号汉墓出土过一副帛画《导引图》,这个《导引图》实在不得了,竟有彩绘的44个各种人物做各类导引的形象,而且每个图象都是一个独立的导引术式,这四十四个术式发展到明代,估计已经成了四百四千个了,不知到了王守仁的那会儿,他又学的是何门何派的何种术式呢? 不过有一点可以肯定,经常动动筋骨,尤其是在山明水秀的清幽环境之中,肯定是对身体有所裨益的。果然,守仁的身体经过调养,大有改善。

一日,神清气朗的王守仁突然跟书童说,有几个朋友已经到了五云门外,你快去迎接一下吧。过了一会儿,书童果然引着王四舆等四人来到了阳明洞。寒暄之后,大家提及此事,说老兄你在这里到底练的什么神仙功夫啊? 竟然能预知未来了!

四个朋友正要拿出纸笔作详细的笔记,只听王守仁只说了"只是心清"这四个字,便闭目养神去了,还真有些得道成仙的味道。

那天以后,四个多嘴的朋友便广为传播此事,王守仁预知世事的本领便一传十,十传百,成了尽人皆知的秘密。山下的人们也都蜂拥而至,请守仁算卦相面,大家都觉得,守仁祖上的算命本领后继有人啦!

被扰了清修的守仁此时真是烦不胜烦。

在烦恼的逆境中,有一天,守仁终于顿悟了,他对前来算命的人说了句:"此(簸)弄精神,非道也!"打这句之后,人们就没听守仁说过话了。一部分人认为他"仙"了,一部分人认为他傻了。

只有守仁自己知道,他悟了。

王守仁悟道,他这样整天跟一帮人做算命游戏,纯粹是在消耗时间,浪费生命。所谓的清修啊,导引啊,也都与他的成圣目标相去甚远。

他越来越清晰地感受到,自己来到这个世界上,肩负的责任是什么,不是得道成仙,而是悟道成圣!

另一方面,一段时间的清修虽在表面上成就了王守仁飘飘欲仙的形象,但在守仁内心中涌动的则是另外一股心潮。一天,这股心潮终于爆发了,守仁的心中产生了对祖母岑氏和父亲的强烈思念之情,他再也坐不住了。

他在阳明洞死一般的寂静中悟道:"此念生于孩提。此念可去,是断灭种性矣。"

饱读儒家圣贤经的王守仁深刻地认识到,他不能抛却亲情,抛却传统,抛却社会和天下给他的责任。

把佛老抛在身后,王守仁毅然下山了。

为了纪念这次不同寻常的悟道,王守仁从此便以"阳明"为号。

天地之间,立定了一个大儒王阳明。他坚守着儒家的本位,继续在成圣的路途中上下求索。

第二年,王阳明移居西湖。美景养人,阳明的身体状况也好了起来。

心情和身体都明朗起来的王阳明在疗养院待得有些无聊了,他听说虎跑寺有一个僧人闭关三年,不语不视,觉得有点意思,就跑去看看热闹。

只见那和尚坐于佛堂之上,果然泥塑一般,岿然不动。

阳明看到这情景,仿佛又看到了一年前阳明洞中那个马上就要得道成仙的王守仁。于是,他决定点化这个和尚,把他拉入万丈红尘。

阳明旁人没留意,突然向那大喝道:"终日口巴巴说什么?终日眼睁睁看什么?"和尚被吓得一下子从蒲团上跳了起来,睁开眼睛同他交谈起来。寺里的和尚们也都凑过来看热闹,看看这俩人倒是怎样斗法呢?

可是,形势却出现了一边倒。阳明的一番话直说得和尚哑口无言,阳明最后又使出了杀手锏,问他家里情况,和尚说老母尚在。阳明又紧跟着问:"想念母亲吗?"和尚愣了愣,道:"无法不想。"

王阳明笑了,给他讲了一番"爱亲本性"的道理,听得和尚眼泪哗哗地淌,人生观价值观发生了剧变,哭着谢过阳明,收拾行李回家去了。

本次儒佛斗法,以儒家的完胜告终。

点化了和尚之后,阳明也觉得自己的学问大大精进了,竟然能使一个修行多年的和尚重新踏入尘世。他觉得自己应该去点化更多的人,于是他回到北京,销了假继续当他的刑部主事。

阳明洞和西子湖畔的传奇经历显然给王阳明加了分,他回到京城,发现自己的名气大了,乃至被推荐去山东主持乡试,虽然有些迷茫,但王圣人更加自信,他很愿意去孔孟之乡去耍几板大斧。

于是乎,考生们看到了这样一个题目:所谓大臣者,以道事君,不可则止。

这话是孔子说的,意思就是,做臣子的人,用道义侍奉君主,行不通就辞职回家卖红薯去得了。

天、地、君、亲、师,君的地位很重要啊,为什么孔子提倡这种对君主爱理不理的行为做派呢?且不说论语的成书本来就是断章取义的结果,孔夫子今天心情好,说了这句,就记下了,明天抑郁了,又说了另外观点的话,照样要记下,传颂后世。

单说老夫子出此言也是有他背景所在的。春秋时代,礼崩乐坏,唯一的那一个君主——周天子,大多数人已经想不起他长啥样了。在那个中央集权制尚未鲜明的时代,孔子说这个话,一点也不犯忌,用之则行,舍之则藏,在那个时代,是人们的共识,谁会为那个连诸侯们都不爱搭理的君主效忠至死呢?

可孔子说的这话,到了明代,就明显不合时宜了。开国皇帝朱元璋是一个比秦始皇还秦始皇的集权疯子,为了集中皇权,他把宰相的职位都废了,这就像一个人,为了跳得更高,竟然嫌碍事自己砍去了左右手,疯子一个。

在这样的集权社会,皇权至高无上,全天下的人都得用皇上的一个鼻子眼出气,官方意识又怎能允许这种对君主对皇权爱理不理的傲慢态度。

然而,也正是因为这一个鼻子眼出气实在太憋了,才有王阳明这样的人会感到一阵阵的窒息。他们期待变革,期待新鲜的空气。

这时,王阳明便借夫子之口喊出了自己的心声。一道考题意蕴无穷。

孔孟之别

这里有必要罗嗦一下"儒",世皆称王阳明为大儒,而我们一定要明确,阳明的儒是承递了孔孟传统的儒,而并非被理学尤其是明政府妖魔化了的那种傻儒。

我以为,王阳明的儒家观念与儒士之气又更加接近于孟子,那个叫嚣着民贵君轻的善养浩然正气之人。阳明的良知之说,直接承继的是孟子的性善论,而他们都强调内心的自省,自封为光明和正义的化身,这些都超级的一致。

人皆以孔孟难分,其实不是那回事,这俩人扯上关系,还得追究韩愈的责任。

韩愈不知怎么就想出了一个"道统",说"尧以是传之舜,舜以是传之禹,禹以是传之汤,汤以是传之文、武、周公,文、武、周公传之孔子,孔子传之孟轲,轲之死,不得其传焉"云云。自此,孔孟算是分不开了。

到了南宋,程朱理学盛行,理学家们也看上了孟子,对其大力推崇,孟子也从诸子中脱颖而出,上升到"亚圣"的高度。

而在此之前,儒门多尊"周孔"(周公、孔子),孟子的地位甚至远不如孔子的另一高足颜回。自理学盛兴以来,儒学也变成了"孔孟之道",孟子亚圣的地位自此确立!

而身处明代的王阳明,已然彻底被包围在这种孔孟之道的儒家氛围之内。说起来,阳明心学之创立,倒是得益于理学家们力挺孟子,若不然,那些反求诸己的顿悟又从何而来呢？

对于人之天性，孔子说："性相近，习相远"。

而孟子则主张人性本善，比如《孟子》中就多次阐述到"恻隐之心、羞恶之心、恭敬之心和是非之心"，孟子觉得这些就是仁、义、礼、智的发端。

若说都是"性本善"的话，那么就该是"性相同"，而非孔子所言的"性相近"了，不知道是孔子说错了？还是孟子讲错了？反正关于人性这个话题已然争吵了几千年，不知还要吵多久，或许终无定论。

而阳明"致良知"的说法，显然是承袭了孟子性善论，他首先预设人心中是有良知的，因此才有致良知的过程，如果心中有都没有，去哪里"致"呢？

孟子显然也懂得世俗艰险，那么这点本性的善又哪里去追求呢？生活在世俗世界中的世俗人们又如何能够自觉地拒斥物欲的诱惑而趋向心灵的超越呢？难道就任由物欲横流，任由金钱美色至上？难道所有人都该没出息地为房子、车子、LV、普兰达而丧失善心、不要脸乃至伤天害理吗？

孟子给出了的办法是"养吾浩然之气"。浩然者，至大至刚，充塞于天地之间。

孟先生觉得人性本善，只要慢慢地养，就能生出一股浩然之正气。也就是说，无论你起初是喜羊羊还是灰太狼，只要善养浩然之气，最终一定会变成十分正义的奥特曼。

古代人有个习惯，什么事都不明说，所谓只可意会，不可言传，高尚的说法叫意境。

因此，孟先生和其他的诸子百家一样，总是有那么点语焉不详，留着韵味让后人自己品。这个"养气"说吧，也就说了那么几句，至于怎样养，对不起，各位自己想吧。

历史品味了千年，直到王阳明这里，王圣人才循着亚圣的道路，提出了致良知的方法，这就是后话了。

理学家们为何看上了孟子，以他们的话说，是因为孟子的性善论。

其实，我倒是觉得还有另一个原因，就是孟子的那股刚毅的劲头。刚毅，说不好听点，便是迂腐。对了，这不就是那一群理学家给我们的整体印象吗？

"富贵不能淫，贫贱不能移，威武不能屈"，千百年来中国文人"宁为玉碎，不为瓦全"之气节，自孟子而始。这固然是高尚的。

但是这些到了皇权那里，就会被诠释为一种有利于中央集权制的愚忠。若是知道了这些，整天想着民贵君轻的孟先生大概要气得吐血了。

孟先生本身就是个倔强得有些迂腐的人。跟孔夫子的中和之道比起来，孟子显然过于偏执了。

拿这俩人的兴趣爱好来说，孔子"游于艺"，而孟子却"游于辩"。

孔老夫子喜欢没事约上三两好友或是几个爱徒听个小曲儿，陶冶一下身心。而孟子呢，平生没有其他爱好，最大的爱好就是约上几个志不同道不和的人大吵一架，有时候实在找不到能吵的对手了，就干脆打给10086，跟客服吵吵，也算过瘾了。

孔子平时为人也和气，总是说，三人行，必有我师焉。择其善者而从之，其不善者而改之。对不同观念的人也都是本着"求同存异"的态度，跟人家探讨交流，即使有时候这样交流并不能成功，比如楚狂接舆就不爱搭理他，孔子也不会怎么不高兴，总之了，孔子是个宽容和善的老头儿。

至于孟先生，则少了几分这样的宽容和包容，而多了几分正气凛然的驳斥。

有一次，公都子跟孟子说：别人都说夫子你喜欢跟人吵架，真有这回事吗？

孟子的回答真是让人哭笑不得，他说，我才不是喜欢吵架呢，是别人逼得我不得不吵啊！我就是要"正人心，息邪说，距诐行，放淫辞，以承三圣"，难道这也叫喜欢吵架吗？

就这么一个倔强的主儿，真的是以吵架为第二生命了。

纵观《孟子》全书，压根儿找不到孟子推崇或赞赏过一个同时期活着的思想家或者学者，孟先生表扬推崇过的几乎全是死人，如尧、舜、文王、周公、孔子，跟他同一时代的活人，他一律看不上。

贯言之，从孔子的"志于道，据于德，依于仁，游于艺"，到孟子的"志于仁，据于心,依于义,游于辩",格局大小、性格观念的微调,对后世儒学的影响可谓深远。孟子的某些观点性格被统治者放大为一种生硬的忠孝观,而承继了儒家血脉的宋儒理学,又在这条道路上越走越远,"存天理,灭人欲",这是一种多么让统治者们欢欣鼓舞的思想境界啊!

理学的困境

为什么会有理学这样一种人见人厌的学问?为什么会有"存天理,灭人欲"和"饿死事小,失节事大"这等不要脸的观念?难道宋、明士人的脑子都进了水,笃信这种没有丝毫人文关怀的学问?

朱熹和二程,他们背负了太多的历史责任,但事实是,他们不过是一介文士,肩不能扛,手不能提,根本没有能力也没有意图搅乱乾坤,让所有的男男女女都成为理学观念操控下的牺牲品。

遥想朱子当年,也是赤裸裸的愤青一枚。面对积贫积弱的大宋和日益衰败的华夏大地,他同许多热血青年一样,不知天高地厚地企图以一己之力来拯救国家和民族。这是多么崇高的爱国主义精神,咋就最后落了个"存天理,灭人欲"涅?

因为朱熹他们看到一部分人先富了起来,而且先富的人不但不带动后富的,还要在穷人头上使劲踩两脚。都市生活灯红酒绿起来,富人们越来不要脸了。

这时,朱熹们愤怒了。他们要拯救这个灯红酒绿的世界。

他们提出的根本拯救办法是"心"和"性"的自觉,告诉人们要自律不要自恋。

他们坚持这种高调的理想主义,并把这种叫做"道学"或"理学"的思路看成是拯救颓废中国的唯一途径,并企图以此来左右国家政治生活的走向。

这在当时,说梦话啊有没有!

一两个愤青的激进言论就能得到当权派的支持?怎么可能!因此,在很长一段时间内,理学这种理想主义的思潮都不是显学,它只是一些充满忧患意识的愤青对于社会的一种批判方式。

但是,当越打越弱、越弱越挨打的宋王朝经过几番外族的折腾之后,当权者不得不从内部寻找解决的方式,因为在外实在是打不过人家。对外族的紧张情绪本能地加重了当权者对于内部政治的管理控制。再加上一些忧国忧民的士绅们对传统伦理秩序的维护和推广,朱熹和他的理学终于走到了历史的前台,虽然此时,朱老夫子已然仙逝了。

朱熹作为劳模,在人们心目中的形象愈发高大起来,与此同时,在国家和士绅的双重推动下,一个以理学为理论基础,具有相当同一性的国家和社会秩序重新确立并越来越被强化了。

其实,无论是朱熹二程或是与之对立的陆九渊,他们都在追问那个宇宙、社会与人生的终极意义和基本原则,都在提倡一种高调的道德理想主义和严厉的文化保守主义,都是站在政治权力的边缘希望通过"道统"来制约"政统"。

但他们没有想到,在自己的身后,自己的学说被狡猾的皇权利用了,这正是古往今来一切士人的悲哀。

朱熹们的本意是这样的,我们的理学啊,是一种作为士绅阶层以文化权力对抗政治权力,以超越思想抵抗世俗取向的,富于创造性和革命性的思想学说。

可是,当它被打上了皇权的标签,进入了官方的意识形态,又成为士人考试的内容后,它将被后来充满了各种世俗欲念的读书人复制,这时,它的本质也在被逐渐扭曲。

扭曲成什么样子了呢?

就说说朱熹最封建最反动的限制妇女行为的恶行吧。

电视永远是我扔拖鞋的对象,一看到那些民国戏里家长对自己的女儿苦巴巴地说,你就认命吧,这是几千年的传统,谁也改不了啊!我的一只拖鞋就会准确地打在电视中那张一本正经的老脸上。影视剧中的伪传统、伪道德实在太多了,有时间我一定写本书好好控诉一下。

对于女性的限制充其量就那么几百年的历史。假如你真的穿越回唐代,你就知道什么唐高宗纳了太宗的妃子,玄宗娶了儿子的媳妇杨玉环这些事,人们都不觉得有多么意外,更不会如影视剧中描写的那样奔走相告,也不会有哪个缺心眼的大臣为了谏止这种不伦行为而以头抢地,命丧黄泉。敦煌文书中有好多关于离婚的文书,离婚的原因也是千奇百怪,令人啼笑皆非。真相是,在唐代,离婚和再婚都是普通的事情,或许还有人为了搞到房产办个假离婚,也未可知呢。

对于性的问题,古人也比我们想象的要开放得多。至少在魏晋南北朝时期,道教还有着相当公开的以性事为中心的宗教仪式,老道们一般都是人们的性入门指导教师,这个你大概没听说过吧?

人们对于性事也是津津乐道,在唐代,手抄报一度大热,人们可以公开传抄如《素女经》、《玉房秘诀》之类的房中书,《天地阴阳交欢大乐赋》之类描写性愉悦的文章,《攘女子婚人述秘法》之类教唆人去诱骗女子的文字,试想唐人若是有了网络,会是怎样的情形呢。

然而,从宋代开始,形势变了。宋代的士大夫们拿着自己所谓的文明当规则,而且这套规则在依附了理学之后,就越来越严格了,凡是越出这套规则的行为就会被视为野蛮。于是,有了司马光禁止妇女裸体相扑嬉戏的上疏,更有了程颐关于妇女"饿死事小,失节事大"的谈话。

在性事方面,妇女的身体一方面成了不洁的象征,另一方面也成了隐秘的东西。在古老的《礼记·内则》和新撰的《居家杂仪》之类其正当性毋庸置疑的典籍种种规定之下,妇女被迫从社会渐渐退出,女性身体的诱惑由于有了严格的规定而不再能够影响社会的秩序。

同样,渐渐形成的妇女对于男性中心社会的固定附属关系,也使得男性社会不再为权力与财产的再分配而忧虑。妇女几乎成了忽略不计的边缘团体,男子们都欢呼雀跃,以为妇女奴隶社会从此到来。

另外,由于男女关系自由的取消,以及女子成为男子的附属物,传统的以长幼有序男女有别为特征、以嫡长子继承权为中心的伦理,便再次得到确认。

尝到些许甜头的宋代士绅阶层常常是通过家规、家礼、族规、乡约之类的规定，通过童蒙读物的传播，甚至通过祭祀以及仪式中常常有的娱乐性戏曲、说唱，把上层人士的知识、思想与信仰广泛地传递到民众之中，使人们蒙蔽在这种合理的文明的秩序中。

正是在国家与社会一致的推动中，一些儒家原则被当作天经地义的伦理道德确定下来，按照这种原则建立有序生活的制度也被认同，并逐渐推广到各个地区。像家庭、宗族秩序的基础"孝"，不仅是一种观念，而且有了制度，如过去不疗救和供养生病的父母，祖父母父母在时即异财分居，都成为违背道德的罪过被禁止。而国家秩序的观念基础"忠"，也在皇权合法性与合理性得到普遍认同后，成了笼罩性的伦理，就连原来是化外的宗教也必须随时注意皇权的存在。

这就如同现今的大街小巷，线上线下都在宣传着"有钱没钱，回家过年"的口号，强大的舆论攻势使那些没有回家过年的人恨不得把自己打入十八层地狱，孰不知这些口号的真实目的应当是刺激消费或者填补铁道部的亏空。

伦理道德这事一旦确立了，它的生猛程度还真不是人们能够预料到的。

世界上有很多事都是生于民间，死于庙堂的。理学也是。

这种高调的理想主义哲学一旦碰到了皇权，离死也就不远了。

走到明代中叶，理学陷入了空前的困境。

应当承认，正是由于这种本来是纯粹意义上的思想有了考试权力与仕途利益为支持背景，它才成了通行观念进入生活领域，正是由于它被当作天经地义的知识到处传抄和复写，它才成了风靡知识界的思想和学问趋向，并因此改变了文化的主流和基调，并构建和确立了以后几百年间中国知识、思想和信仰世界的主要风景。

朱元璋和朱棣是将理学推向绝境的两个刽子手。他们活生生地把一个还有些朝气的学问变成了一个小老头儿。由于理学的过度制度化和世俗化，许多士人为了登科而耽于训诂之学、记诵之学和词章之学。朱熹们开创理学的初衷，此时已荡然无存。

然而，社会生活却不会等待理学的觉醒，在明代中后期，社会剧烈变化，人们开始对金钱产生了前所未有的热衷情绪，一部分由于仕进、置产或经商而富于起来的士人很快有了更高的生活追求，他们要换车子、换房子、换老婆。此外，南北方之间、城乡之间、贫富之间的观念也都发生了剧烈的分化。

作为皇权代表的理学，此时的地位已经相当尴尬了。经常有人嘴上挂着道德文章，私下里却男盗女娼。

此时，一些愤青们又挺身而出了，他们要寻找新的精神寄托，理学已死，谁领风骚？

在惊鸿一瞥后，在南宋时代曾经与朱学对垒的陆学进入了人们的视野。

朱陆异同

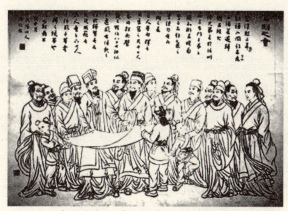

中国古代哲学史上著名的鹅湖之会

1174年，南宋淳熙二年，在江西信州铅山的鹅湖寺中，出了一件中国古代哲学史上的大事。四十六岁的朱熹和四十四岁的陆九龄、三十七岁的陆九渊在此会面，这就是著名的鹅湖之会。

这次会面中，朱陆双方各执一词，朱熹"欲令人泛观博览而后归之约"，也就是提倡先去世间万物中追寻道理，而陆氏兄弟则坚持"先发明人之本心而后使之博览"，老朱你那个想法太复杂了，还是先关注每个人的内心世界吧！

二人各执一词，把金牌中介吕祖谦弄得相当难堪，几个人最终不欢而散。

据说陆氏兄弟在场面上还是占了上风的。会面之前，二人便拟定了详细的"对朱攻略"，并各写了一首诗来表达自己的思路。

陆九渊的诗比兄长的写得毒辣，"易简功夫终久大，支离事业竟浮沉"，讽刺朱熹格物穷理的繁碎事情终究比不上自己的简易心学更加长久，据说朱熹听到这两句时，大惊失色，心想小陆啊，我又没怎么得罪你，何苦这么咒我。

没想到，接下来的两句更加尖酸刻薄，"欲知自下升高处，真伪先须辨只今"，朱熹听了之后，竟然气得说不出话来了，心里也自危起来，拿什么拯救你啊，我的理学！

在陆九渊看来，人的"本心"就是"天理"，这种天理不为外物所动，是金钱美色房子车子都不能撼动的，因此，人们只要抓住本来就具有的这颗纯粹的"人心"，就等于得到了"道心"，而朱熹区分天理与人欲，道心与人心的思路，本来就是大大有问题的。

由此衍生的，陆九渊认为学问的方向应当是向内体察而不是向外寻求的，外界那些纷繁复杂的知识，其实对人们领悟"心"和"理"是没有什么意义的，相反，还会成为体验终极意义和超越境界的障碍。

朱陆二人就这样一直吵了下去，致使后世的许多人误以为俩人是冤家，见了面就得动刀子那种。其实，他们的争论只限于学问内部。后学者无限扩大他们的争吵和异同，这就好比俩人吵架吵到最后，针锋相对，互揭老底，至于之前为什么而吵，倒是想不起来了。

后来，朱陆两派的后学在各自对立的路上走得越来越远了，仿佛他们已经忘记了朱熹和陆九渊两位先师于对方的观点，也有许多赞同的地方。当程朱理学成为官学之后，这种分歧顺理成章地越发扩大了，陆氏的学问被排斥在边缘，只是江西的几个讲学之人还记得有这么一回事。

然而，理学走到明代，陷入了前所未有的困境之中。这时，人们想到了徘徊在边缘的心学。没有办法，科学和民主的西方思想进不来啊！

边缘也有边缘的好处,中国人向来相信曲高和寡,陆氏心学的边缘状态,反而凸显了追随者们高尚其事的学风和抵制"假为希世宠荣之资"的精神,特别是,陆学中原来就固守的鄙弃形而下的学问、一意追求心灵澄明境界的取向,更能够刺激那些厌恶平庸和支离、实用和琐碎的激进士人。

从语词、学理、思路上说起来,朱陆之间,也就是理学与心学之间,本来并没有多少深的鸿沟,理学一脉本来也相当尊重内在的心灵对于真理的自觉认识,朱熹也讲"心即是理",也承认"盖心之所以具是理者,以有性故也",只是他们比较看重对它的限制与规范,比较偏向于知识的积累和细节的体会。

但倒霉就倒霉在向官学的转变上,由于科举仕进等利益的驱使,在后来很长的一段时间里,人们研究理学,已然被淹没在浩繁的经典注释中,因为只有把自己变成掉书袋,才能通过科举的独木桥。

然而到了明代之后,理想主义再次鼓舞了一批愤青去抵制主流思潮,这些重视笃实践履的儒者渐渐开始突显"心"的意义,从曹端、薛瑄(敬轩)、吴与弼(康斋)、胡居人(敬斋)、到陈献章(白沙),这种心、理的结构关系发生了变化,这种变化慢慢地被加深扩大,就终于引来了知识和思想界的大变化,而王阳明就是最后捅破这层窗户纸的人。

这里还应提到一个至关重要的人物——湛若水。

湛若水,岭南人士,是个地地道道的韩寒式愤青。二十七岁,有为青年小湛中了举人,在准备会试的当口,他去江门听了几次陈献章(白沙)的讲演,返回家中后,他的第一件事就是找个打火机把"路引"(赴考证件)给点了,以来表示是要与心学共存亡的决心。于是,小湛便潜心研究心性理学,数年间果然学业大进,乃至陈白沙都将"江门钓台"作衣钵传与若水执掌。

陈白沙死后,小湛的母亲不干了,一哭二闹三上吊,非逼着儿子去考取仕进光宗耀祖,母命难违,弘治十八年湛若水上北京会考,一举得中,选翰林院庶吉士,很快又升任翰林院编修。

步入仕途之后,湛若水很快和王阳明凑到了一块儿,二人大有相见恨晚之感,昼也聊,夜也聊,聊得天昏地暗,草木无声。

共同的志向使王湛二人走到了一起,他们痛惜于时弊,感慨于理学之穷途末路,他们互相影响,相互唱和,企图共同找到一条能够直指人心的变革的捷径。而正在二人满怀希望的上下求索之时,一个死太监跳出人群,面目狰狞地向王阳明扑了过来。

第五章

跟皇帝和太监死磕到底

变态的太监

这个太监就是大名鼎鼎的刘瑾。

刘瑾本姓谈,陕西兴平人,明武宗时的太监,从正德元年到五年,操纵朝政,是明代的权宦之一,当时有"立的皇帝"之称。六岁时被太监刘顺收养,后净身入宫当了太监,遂冒姓刘。孝宗时,犯死罪,得免。后侍奉太子朱厚燳,即后来的明武宗。他与马永成、高凤、罗祥、魏彬、丘聚、谷大用、张永合成"八虎",正德五年(1510年)被凌迟处死。

上面这个介绍是新闻联播式的,下面换一种方式,娱乐新闻式地介绍一下这位响当当的人物。

刘瑾,史上最富有的太监。2001年,《亚洲华尔街日报》曾将刘瑾列入过去1000年来,全球最富有的50人名单。至于他的财产,据清赵翼《二十二史札记》所载,刘瑾被抄家时有黄金250万两,白银5000余万两。其它珍宝细软无法统计。据无聊的历史系数学家推算,从1522年到1532年,太仓平均每年

大太监刘瑾

的白银收入恰好是二百万两,如果把黄金按当时的常规一比七折为白银,刘瑾的家产总值为 6750 万两白银——比张居正辛辛苦苦十余年充实起来的太仓还要多十倍。在当时的平常年景,一两银子可以买两石米,按照米价折算,刘瑾的家产相当于 254.88 亿人民币(明朝的一石白米为 94.4 公斤,如今的零售价至少是两元人民币/公斤,按此折算,一两银子价值人民币 377.6 元)。另外,刘瑾还是中国历史上"罚款"制度的开创者,在落后于刘瑾数十年后,西方人才苦思冥想发明了这种旨在增加收入的财税制度。

不难发现,刘瑾在其短暂的一生中干了两件辉煌的大事情——专权、敛财。

一个太监,不远万里、不惜牺牲男性尊严来到皇帝身边,把皇帝的权力当做自己的权力,把皇帝的钱财当做自己的钱财,这到底是怎么一回事呢?

明朝是集权专制最严重的时候，皇帝为什么会如此放纵太监呢？以此类推，史上太监专权之事不在少数，难道皇帝们都瞎了眼，放着正常人不用，单单倚仗一群太监撑场子。

这里最主要的原因就是太监无后。历来皇帝最担心的就是皇位给人抢了，但太监没儿子，抢了皇位也没有办法传给后代，不能百世千世而至万世，于是，太监自己一般对皇位也没什么大兴趣。

而且太监大多出身低下，穷人家的孩子小时候没饭吃，父母才没有办法给孩子净了身送入深宫当太监，总比饿死好吧。这样的穷人一旦大权在握，难免露出"小人得志"的神情来。中国人历来讲究气节，即使是那些对掌权太监溜须拍马、尽显媚态的人，心中对小人也不见得有好感。所以只要发现太监有些不受宠了，那些"猢狲"们还不等树倒早就一哄而散。就如刘瑾和魏忠贤，两个极品太监，皇帝一声令下，还不是随随便便就给捏死了，向来依附之人连屁都懒得放一个。

因此，太监本身就对皇位没太大兴趣；他们的拥护者也不会厚颜无耻地搞出"黄袍加身"的事情来；理论上太监又不可以结交外臣，不容易联络外面弄得一呼百应；也没什么功劳，不会功高震主，因此，一群懒汉皇帝自然愿意将管理国家那摊子烦心事交给太监而不是其他"危险"人物。这样，太监专权的机会就比其他人多得多了。

没兴趣当皇帝不代表没兴趣弄权。男人大多热衷权力，即使是太监这种不太纯正的男人，对权力也是爱好的。那么，这权又是怎样专起来的呢？

明朝大概是历史上最盛产宦官的王朝了，在籍太监号称10万，空前绝后。宦官有专门的机构，共二十四个衙门分别是司礼监、内官监、神宫监、尚宝监、尚衣监、尚膳监、值殿监、内承运库、司钥库、巾帽局、针工局、织染局、司苑局、司牧局、外承运库、甲字库、乙字库、丙字库、丁字库、戊字库、广源库、皮作局、兵仗局、宝源局、钟鼓司等。在这些监局之外，还有外派如杭州、苏州、松江等地织造局，南京鲥鱼厂，应天顺天两府及各处皇陵守备太监，派驻九边替皇上督军的中使以及东厂掌爷等。人数众多，机构也相当繁冗，当然，产出一两个人才也不在话下。可不是所有的宦官都可以称为太监的。凡内使有品级者，称为中官，四品以上的中官，方能称太监。余下杂役，统称为火者。凡内使小火者挂乌木牌，头戴平巾，不得穿圆领襕衫。只有正六品以上中官方可穿补服，有牙牌官帽。四品太监穿斗牛补服，若再晋升则穿膝裥飞鱼服，再往上升方可腰系玉带穿小蟒朝天的极品补服。混到这个份上，威权相当于外廷的二品部院大臣，在紫禁城内可以骑马。不过为了简明起见，一般人们把他们全部叫做太监。

但其实明初的时候太监的地位是很低下的，朱元璋作为一个极权主义的疯子，是很讨厌太监的，他规定太监连识字都不可以，干政的太监更是要"剥皮充草"，就是把皮剥了填上稻草做成人体模型放到街头示众。

到了朱棣这个规矩就放松了，因为他登上皇位受到不少太监的拥护，于是他就让一些聪明伶俐的小太监读书识字，禁止太监干政执行的也不那么严格了。而设了东西厂之后，太监不得干政的禁令就彻底成了一纸空文。为了便于太监帮助皇帝处理国家大事，明朝对太监的培养基本是按照文官的方式培养的，可以说明朝的宦官在中国历史上的宦官里面整体素质是最高的。因此到了后来，皇帝的奏折太监都可以随便看，随便批复，因为太监有文化啊！而太监的权力到此时可谓登峰造极了。

明朝后期，皇帝懒得管理朝政，太监便会自作主张，乱发旨意，下面的官员敢怒不敢言——上奏章向皇帝诉苦？批阅奏章的人很可能就是你牢骚的对象。但是替皇帝批奏折的秉笔太监却还不是权力最大的太监，在他的上头还有一个司礼监掌印太监掌管着皇帝的印鉴。而司礼监掌印太监一旦兼任了提督东厂太监，一边是皇帝的奏章掌握官方消息，一边是特务机构密报掌握小道消息，那就真的无法无天了。这样的太监，想不专权都难。

除了权欲，还有贪欲。太监大多是穷苦出身，小时侯穷怕了，掌权之后又没有法子封妻荫子，无奈只能将满腔热血都倾注在敛财上。皇帝不放心其他人，所以外面什么事儿都让太监管着。开矿山，太监征税；打仗，太监是监军。这矿山税和军费着实让太监们捞了不少油水。另外，由于大权在握，索贿受贿亦能大发横财。

我以为,太监最要命的倒不是专权和贪财,而是他们的变态行为。

他们没有了男性生殖器,难免会内分泌失调;怎么样都算是个残废,难免会心理畸形;"洞房花烛夜,金榜提名时"人生两大乐事都不可能实现,难免心中郁闷;在宫中无论地位多高干的也是伺候人的活,难免私下不忿。所以导致的后果通常是——太监难免心理变态。心理变态的表现多是超出常人的狠毒和贪婪。

坊间有个关于东西厂的故事,很说明问题:甲、乙二人在茶楼喝茶,甲大发东西厂特务太监的牢骚。乙比较谨慎,劝甲小心说话。甲不以为然,还叫嚣:"他们还能把我的皮剥了不成!"数日后乙再次出门,被人拦住,带到上次喝茶的茶楼,进门便见一张人皮钉在墙上,正是甲的皮。带乙来的人冷笑:"谁说不能把他的皮给剥了!"

心理变态的人搞特务活动,也亏得明朝的皇帝们想的出来,真的是太合适了。偷偷摸摸的勾当加上变态的心理,残忍的手段,倒是相得益彰啊!

东西厂刑法之酷烈也是古今奇绝。他们把刑房叫做"点心房",共八间,八道"点心"。其中第二道叫做"豆馅烙饼":将一缸黄豆大小的石子烧的发红,泼在房中地上,把犯人扔进屋中。犯人刺痛乱滚,满地无数个石子便悉数烙在身上。片刻间衣服烧的精光,周身皮肉被石子烫得青烟直冒,眼珠子都会被烧得掉出眼眶搭在脸上。第二道"点心"已经如此惨烈,其余"点心"如何可想而知。

然而细想起来,明代的太监祸害其实还不是最大的,由于国家制度的成熟和完善,太监们再喜欢专权,实际上也是没有实权的,他们充其量就是狐假虎威而已。所以他们是经不住朝官的反击的。一旦他们做得太过分,皇帝想干掉他们就干掉他们。这与汉唐时期的太监专权是有本质的区别的。汉唐时期的太监能控制皇帝,操纵朝廷命脉,这在皇权至上的大明朝是不大可能发生的。

因此,我们回头来看刘瑾,充其量他也就祸害了五年,虽说有"站皇帝"之名且敛财无数,但皇帝一声令下,他就登时命丧黄泉。

然而就这五年，他也把大明朝祸害得够呛，以至引来官员们的不满，把他办掉了事。

太监有时候做事是不计后果的，因为他们也没有什么后顾之忧，他们追求的大概是及时行乐。因此，明武宗朱厚熜一登基，与皇帝关系非同一般的刘瑾便立即着手大肆敛财，而且还带着这位他从小伺候起来的正德皇帝胡作非为，挥霍无度，国库的银子在短短几个月之间被他们用了个精光。

中国的士人们向来忠君，即使是皇帝犯了错误，在大多情况下，他们也会把责任算在皇帝身边的人头上。何况刘瑾自己本身就很不干净。

弹劾刘瑾的箭已在弦上，随时能够发出。

此时，出了一件事。兵科给事中周钥奉旨去淮安查勘，在返京的船上自刎身亡。由于下刀很重，旁人抢救时，周钥已经只剩下倒气了，他用最后一丝气力在纸上写下"赵知府误我"几个字后便一命呜呼。

赵知府误了自己，应该去找赵知府算账，怎么也搞个同归于尽，为什么死心眼地要寻短见呢？原来，刘瑾当权，贪婪骄横，奉使出差的人归来，他都要索取一笔不菲的贿赂。周钥到淮安办事，淮安知府赵俊本来答应送他白银千两以应付刘瑾，谁知临走时却变了卦，说我根本拿不出这么多钱来，你自己看着办吧。周钥彷徨无计，这才寻了短见。

生命是何等宝贵，怎么说自杀就自杀呢？因为周钥心里明白，拿不出钱，回去也是个死，还不如自己先解决了，省的麻烦人家东厂搞人体试验了。回去若是随便吃上东厂的一顿"点心"，那就真的明白什么叫生不如死了。

周钥自杀事件发生后，那个一毛不拔的赵知府做了替罪羊，刘瑾却跟没事人一样，照样收他的钱，掌他的权。

按照中学历史课本上讲的那套，周钥自杀事件简直就是个教科书式的导火线，它具备了导火线应该具备的一切条件，影响大、时机准、敏感度高。

大明的官员们怒了，他们早就憋着一肚子气，这下可找到了一个契机。一道道弹劾刘瑾的奏折摆到了正德皇帝面前，皇帝你是不是男人，为啥不替男人说话，却处处维护几个死太监！

这话是我杜撰的,但大家背地里一定是这么想的。有人说男人一生都为面子而活着,一张面皮比生命还重要。而中国男人,有文化的中国古代士人,面子是尤其重要的,他们绝对不能忍受一群太监在自己头上作威作福,甚至还威胁到自身的生命安全。

刘健、谢迁、李东阳相继上书请杀刘瑾,诛"八虎",但朱厚熜不听。这个正德皇帝是个异类,正常人实在没办法跟他对话。

大臣们又变换了方式,以变态对变态。户部尚书韩文等人每天都对着皇帝哭,你不答应我,我就哭死给你看。可这种方式也不大奏效,这个变态的路数跟正德皇帝还是合不上拍。

方法用尽,奏效甚微,最后李梦阳只得号召大家:"言官交章弹劾,阁臣死力坚持,去宦官易事尔。"全天下男人都团结起来,就不信扳不倒你几个死太监。

于是,韩文和六部九卿大小官员密议,众人同仇敌忾,都认为天下兴亡,匹官有责,便展开了新一轮的联名上疏。

这最后的反戈一击还真的起了作用,这个功劳或许还要归功于文学青年李梦阳的那篇颇有文采的奏疏。或许真的对了朱厚熜的路,皇帝看罢奏疏,决定把刘瑾遣送南京。刘健等人听说后反复陈述不可,一定要斩草除根。兵部尚书许进说:"过激恐将生变。"刘健还是坚持要处死刘瑾。

一向比较正直的司礼监太监王岳,将刘健等人的意见转告朱厚熜,并力挺阁臣。在舆论的强大压力下,朱厚熜只好答应次日早朝下旨逮捕刘瑾。刘健听说后,与众人约定,早朝时伏阙面争,诛杀刘瑾,王岳为内应。

历史永远都是在万事俱备的时候出乱子。

另外,历史还总是在印证一句话,不怕没好事,就怕没好人。

这个坏人就是焦芳。

早已依附于阉党的礼部尚书焦芳,看到送来吏部的关于诛杀刘瑾的奏章,立刻将阁臣们密谋之事汇报给了老相好刘瑾。

大惊失色的刘瑾带着"八虎"其他人等连夜进宫,环跪于朱厚熜四周,磕头痛哭。

朱厚熜是性情中人,一见朝夕相伴的太监们个个哭成了泪人,自己的眼眶也湿润了,我又怎么舍得杀你们啊!就是刘健王岳他们撺掇的。

刘瑾趁机反咬一口:"王岳想害奴等,他勾结阁臣,目的是要制约皇上的进出行动。为此,他必须先除掉奴等对皇上忠心耿耿之人,扫除障碍。"

自由,对这个正德皇帝来说,比什么都重要,刘瑾把话说到了皇帝的心坎上。朱厚熜听说有人要限制他自由,立马变色,当即任命刘瑾为司礼监掌印,马永成掌东厂,谷大用掌西厂,抓捕王岳,解送南京孝陵。

次日清晨,大臣们兴致勃勃地入宫早朝,准备伏阙跪奏,却发现形势大变。皇上说刘瑾等人从小服侍至今,不忍处理,此事日后再议。

皇帝的心思你别猜,尤其是这位说变就变的正德皇帝。

刘健等人已然筋疲力尽,不想再斗了,于是纷纷上书辞官。

在送别昔日的战友时,留下的李东阳哭成了泪人,刘健正色道:"何以泣为?使当日力争,与我辈同去矣!"

刘健等人的离去使李东阳也倍感心灰意冷。然而,真的猛士,敢于直面惨淡的人生,敢于正视淋漓的鲜血。陪都南京的官员们此时的声援又给了李东阳等人莫大的慰藉。

明成祖朱棣迁都北京后,仍然保留了南京的都城地位,并保留了一套中央机构。南京和京师一样,设六部、都察院、通政司、五军都督府、翰林院、国子监等机构,官员的级别也和京师相同。北京所在府为顺天府,南京所在府为应天府,合称二京府。

但是,陪都明摆着就是陪衬嘛。实际上,南京六部的地位远逊于北京六部。虽然两京六部名称相同,都称吏户礼兵刑工,但是南京的尚书官品和职权都不和帝都北京的尚书们在同一个档次。具体说,北京六部尚书可以进入内阁,担当首辅,因此北京六部是帝国的统治中心,而南京六部基本上属于养老院和发配降官的地方,官员们基本都没有什么前途,闲人一堆。

面对刘瑾的恣意妄为,这帮养老院里的闲人怒了,害了多年的嫉妒北京那边升官发财的红眼病也登时痊愈了。南京的六科给事中此刻空前团结，全部站出来交章挽留阁臣。

此时，已升任司礼监掌印的刘瑾权力更大了，他恼羞成怒，竟派锦衣卫前往南京，将为首的戴铣等人押解至京，二十多人，集体享受廷杖待遇，戴铣被活活打死。

接着，以蒋钦、薄彦徽牵头的南京十三道御史跳了出来，联名上疏，要求朱厚燳罢免刘瑾，委任大臣，务学亲政，以还至治。上疏的人太多，逼得刘瑾成了数学家，他也没空看奏疏内容了，只按数学公式行事，上一本的杖三十，上两本的杖六十，而上三本的每本各杖六十，不等杖完，人就死了。御史蒋钦连上了三道本，最终被活活打死。

明代的廷杖始于明太祖鞭死开国元勋永嘉侯朱亮祖。朱亮祖父子作威作福，多为不法，罪有应得，但朱元璋却开了廷杖大臣的先例。此后明成祖永乐时期废此不行，但朱棣死后十几年，明英宗就恢复了廷杖。

刘瑾之前，廷杖时被杖者可以用棉絮裹身。但刘瑾把规矩改了，必须脱了裤子打。不说肉体上的折磨，就这精神上的侮辱，饱读诗书的儒雅之士在大庭广众之下光着屁股挨打，也够大臣们受的了，中国古代士人受辱的历史到此也就发展到了极致。

太监的残忍是变态的残忍，廷杖分"用心打"和"着实打"，至于采取何种打法由监刑官按上头的密令决定，如果监刑官脚尖张开，那么就是"着实打"，可能会导致残废，而如果监刑官脚尖闭合，那么就是"用心打"，则受刑的大臣必死无疑。

刘瑾用事五年，杖毙的大臣竟有23人之多。对于刘瑾来说，无后就是好啊，想干什么干什么，从来都不用给自己留后路。

正德皇帝

在大多情况下，皇帝这个职业无需投简历、也不需要面试，等老皇上驾鹤西去，新员工就能上岗工作了。但这并不说明对这个职位的要求很低，是个人就能干好。历史和国家赋予这个职位太多的责任，尤其是那些满脑子传统、规矩的大臣们，更会拿着许多条条框框来衡量他们的上司，看他是不是迟到早退，是不是不务正业，有没有在上班时间泡美女、看歌舞、乱吃零食。

正统的臣子们总是希望皇帝勤政爱民，国家昌盛了，自己这官也做得舒服不是？尤其是到了国家制度已经相当成熟的明代，大臣们甚至把皇帝作为一个神话的偶像来塑造，他们要给万民描绘出一个不食人间烟火，没有欲望，可以无限时间工作，没有个人感情，没有脾气，可以英明地分辨出哪些是好人哪些是坏人，可以从诸多的奏折里聪慧的挑选最正确的那一个的皇帝。

这种人根本就不存在，明朝的皇帝里最接近这个标准的只有孝宗皇帝，有趣的是，最远离这个标准的正是孝宗皇帝的儿子，刘瑾所依靠的这个正德皇帝朱厚照。

朱厚照是明朝历史上唯一一个出生即为皇帝嫡长子后来又当上皇帝的人，是孝宗弘治皇帝唯一的儿子，大明王朝绝对的法定继承人，统治过天下整整十六年的皇帝。

但他并不喜欢父亲给他的皇帝这个身份，连父亲给他的名字也不喜欢。他自己另外起了个名字，叫朱寿。朱寿喜欢做总兵、威武大将军、镇国公、大庆法王西天觉道圆明自在大定慧佛，还喜欢当杂货店老板、动物园里的驯兽师、到处巡游的纨绔子弟。总之了，他唯独不喜欢当皇帝。

但是，却有一帮大臣天天要把他按在皇位上好好做皇上。他当然不满了，于是，他就用自己超乎一般人的勇气执着地与他的臣子进行对抗，并想尽一切办法来戏弄这些一本正经的忠君爱国人士。

也许是觉得父亲孝宗皇帝活得太郁闷了，朱厚照不想像父亲那样点燃自己去照亮别人，他要活得自由开心，活出真我风采。

这位从小就很有点平民作风的正德皇帝他一点也不喜欢宫中的那些繁文缛节，总爱跟身边的小太监，贴身保镖一块儿吃喝玩耍，根本就不讲大小尊卑，他还别出心裁自己给自己设计建造一所以练格斗和玩耍为中心的"豹房"作为自己的"别宫",他的一举一动都是对儒家礼法、成训、祖制的反动!再加上他的奇特而丰富的想象力,永不满足的好奇心,认准的事非干到底不可的牛脾气,他在位的十六年,大明朝野就没敢消停过,皇帝和大臣永远在无休无止地斗争,再加上一个刘瑾,朝野上下真是乱成了一锅粥。

这锅粥在时下正沸腾着,皇帝小朋友躲进别宫自娱自乐,刘瑾死太监一手遮天,大臣们被打死打残者比比皆是。

时任兵部主事的王阳明也怒了,虽然他知道自己也是位卑言轻,但此时不表明立场,怎对得起礼义廉耻,难道空学了一番道德文章,到了关键时刻却成了缩头乌龟。在戴铣等人被押赴进京之前,他上了一道精彩绝伦的奏疏——《乞宥言官去权奸以彰圣德疏》。

从性格来讲,王阳明绝不是那种硬碰硬的傻实在,他懂得迂回,爱玩心术,他觉得上一道比较委婉的奏疏,对于事态或许有些裨益。他在奏疏中说,戴铣等人触怒了皇上是不应该,但作为言官,他们的职责就是劝诫您,即使说错了,您也多包涵包涵,以开忠谏之路。现在您派锦衣卫把他们拿解赴京,群臣皆以为不当,却无人敢言,是怕得罪了您,受到相同的处罚而增加您的过错。但长此以往,再有关乎国家安危的事情,皇上还能从哪听到谏议?正值天寒地冻之时,万一这帮人在押赴京城的道儿上挂了,皇上您这杀谏臣的恶名可就背定了,到时候群臣纷议,您再责怪左右没有劝诫您就晚了。

这个四六不懂的小皇上已经逼得王阳明没办法了,阳明只好借着体贴皇上的名义来指陈时弊,但是,他的心思也白费了。奏折只能到司礼监太监刘瑾手里,至于皇上是否看得见,这就不好说了。阳明绞尽脑汁写出的一篇好文章,最终喂了死太监,真是不值啊!

刘瑾现在是一不做二不休的气势了,凡是我想做的都得做到,凡是反对我的人都不得善终!恼羞成怒的刘瑾头脑还是清醒的,他看到王阳明这篇根本没有提到自己的奏疏,立刻判断出是非曲直,他王阳明明明是在指责我嘛,骂人不吐核,高,实在是高!

于是,王阳明同样受到了"礼遇",廷杖四十,投入诏狱。

这个诏狱是个高级的监狱,当然,这种高级并不是指里面有单间、有电视、冬有暖气夏有空调,而是指押在此处的犯人级别比较高,都是当官的。

明代的诏狱又更加高级,亦称"锦衣狱",是明代的锦衣卫自己管辖的监狱,在这里,可直接拷掠刑讯,取旨行事,刑部、大理寺、都察院等三法司均无权过问,狱中"水火不入,疫疠之气充斥囹圄",诏狱的刑法极其残酷,刑具有拶指、上夹棍、剥皮、舌、断脊、堕指、刺心、琵琶等十八种,史称:"刑法有创之自明,不衷古制者,廷杖、东西厂、锦衣卫、镇抚司狱是已。是数者,杀人至惨,而不丽于法。"

就此我们也该得出这样的结论,凡是进去的人,想活着出来就难了。

生存

可怜王阳明旧疾初愈,这一番折腾之后,新病老病一起袭来,他心里清楚,自己离死不远了。

愁苦之言易工而欢愉之词难好,在这惨得不能再惨的境遇中,王阳明将诗歌当成了自己的一种寄托,彼时所成之诗也是格外动人心魄:

> 幽室不知年,夜长昼苦短。但见屋罅月,清光自亏满。佳人宴清夜,繁丝激哀管。朱阁出浮云,高歌正凄婉。宁知幽室妇,中夜独愁叹。良人事游侠,经岁去不返。来归在何时?年华忽将晚。萧条念宗祀,泪下长如霰。

并非阳明先生身处逆境还想着明月佳人,熟悉中国文人和中国文学的人们都懂得,这种感慨是一种传统,这种传统自屈子《离骚》一脉而来,已经植入了阳明这一班中国文人的骨血之中。

遇与不遇,正是这声千年一叹的核心。

中学的时候读《离骚》,觉得屈原这人脑子有病吧?天天想着鲜花美女,还痛苦得死去活来。高考过后没事干再读离骚,我竟然无师自通了,我深刻得体会到了屈原那种没人搭理的痛苦心情,直读得心潮澎湃,誓要报考中文系。

古人管受到重用叫"遇",没人搭理叫"不遇"。"遇"在中国古代士人那里,这个字真的比他的生命还重要。

屈原的见地得不到楚怀王的支持,是"不遇";

贾谊、董仲舒得不到皇帝的重用,是"不遇";

司马迁的建议受到汉武帝的斥责,是"不遇";

那么,此刻奸佞当道,阳明先生被阉党断然下狱,九死一生,当是大"不遇"了。

自屈原以降,古代士人每当"不遇"之时,都以香草美人自况,以期待有情之人的眷顾。以夫妇喻君臣是古代士人的传统,屈原也是从更早的阴阳五行观念中学来的,而王阳明则是承继了屈大夫的传统。

阳明的这首诗更有《古诗十九首》的味道。

不惜歌者苦,但伤知音稀。

阳明多希望自己能得到上天的些许眷顾,他如女子等候远游的丈夫一样期待着皇帝的回心转意,期待着大明朝如皓月当空的中秋之夜,朗朗乾坤之中尽扫一切阴霾。

他焦急地等待着,来归在何时?

因为他觉得自己已是将死之人,年华忽将晚,难道我将在这暗无天日的诏狱之中虚度残生,难道我终将看不见阉党俯首、日月昭彰!

王小波说,人的一切痛苦,本质上都是对自己的无能的愤怒。

阳明此时最根源的痛苦,不是来自病痛的折磨,不是来自廷杖的屈辱,不是来自对父母亲人的深切思念。

他的痛苦,来自于他空空抱着成圣的梦想,却只能在这囚笼之中苟延残喘。

不能普渡苍生,甚至不能自救于危难,他愤怒于自己的无能!

然而,在万念俱灰之际,他却陡然想到了生命。

看到诏狱中抬出的一具具尸体,他明白了,只有活着,才有一切。如果生命终结,你只能是那摊被狱卒们任意拖拉的腐肉。

是的,只有活着,才会有希望。

第二天一早,阳明的感觉就大不一样了。他不再思考生死,也不再愤怒于自己的无能。他开始为了生命而生活,他乐观地自娱自乐起来。

他收集起牢房中的石子,开始研究算命,再当官是不大可能了,出狱之后,支个算命摊,照样为人民服务。

乐观精神是家传的,阳明的父亲王华更加乐观,他听说儿子廷杖下狱的事情后,竟然高兴地说:"吾子得为忠臣名垂青史,吾头足矣。"

起先,刘瑾还以狱中的王阳明威逼利诱过王华,他派人告诉王状元,只要您状元公到我的府上吃吃饭、听听曲、聊聊天,贵公子就立刻能出狱回家了。怎知王华断然回绝了刘瑾的邀约,我要是去了,孔孟之书难道都白读了吗?大丈夫富贵不能淫,贫贱不能移,威武不能屈,你个死太监懂个屁啊!

拒绝刘瑾之后,王华立刻被下放南京养老。与此同时,王阳明也接到了上谕:发配到贵州龙场驿去做驿丞。

长亭送别,阳明的好友汪抑之、湛若水、崔子钟等人都来了,他们都已看淡了世道,阳明的今天,或许就是自己的明天。无所谓趋利避害,如阳明一样离开,或许比在京城的官场中备受煎熬还多几分轻松。

湛若水的送别诗也同阳明的风格一样,有些《古诗十九首》的味道,前七子的复古大旗看来是没有白扯:

皇天常无私,日月常盈亏。圣人常无为,万物常往来。何名为无为?自然无安排。勿忘与勿助,此中有天机。

另一首:

天地我一体,宇宙本同家。与君心已通,别离何怨嗟?浮云去不停,游子路转赊。愿言崇明德,浩浩同无涯。

清冷的春风吹入长亭,送别的人比离别的人更显凄凉。正因浮云蔽白日,所以游子不顾返。天理何日昭彰?游子几时归去来?

湛若水(1466年—1560年),今广东增城市新塘镇人。明朝哲学家、教育家、书法家。

阴魂不散,亡命天涯

王阳明离开京师后,沿大运河南下,到了杭州。

一路上阳明谨小慎微,提心吊胆,因为他总觉得有双眼睛在远处看着他,难道是刘公公阴魂不散,在意念中观察我的行踪?

阳明又转念一想,管他去呢,来到这人间天堂,我就要充分享受人生,死也要做个乐死鬼。

阳明的直觉没有错,几个锦衣卫一路上都跟在阳明身后,寻找着下手时机。看来刘瑾对阳明实在不薄,走到天涯海角也要弄死他!

然而,几个锦衣卫一踏进了杭州城便迷失了。春天的杭州城繁花似锦,更兼西子湖畔波光潋滟,要命的是竟然美女如云。几个年轻人一时春心荡漾,他们翻箱倒柜找出最潮的衣服,梳洗打扮一番之后,才继续跟踪王阳明。

几个帅哥一起出街,回头率那是相当的高啊!尤其是他们身上那身明晃晃的锦衣卫工作服,真是亮瞎了路人的双眼。

金飞鱼服、鸾带、绣春刀,这几个二百五就差用喇叭喊话给前面的王阳明了,王大人,我们是锦衣卫,是刘公公派来追杀你的!

王阳明又气又笑,心想,刘瑾啊,你太低估我王阳明的智力水平了。

阳明不慌不忙,先是派仆人奔赴余姚老家,告知当前的情形,并提醒家人们多加小心。然后便在到达杭州的当晚,住进了杭城郊外的胜果寺。

他预感到,那几个二百五要在今晚动手了。

初春的夜风吹在阳明的脸上,给他送来了一丝灵感,他要导演一次畏罪自杀事件。

王导开始布置现场了,他首先在桌上摆了一壶酒,将瓶口微斜,用酒杯支住。然后又将凳子放倒,屋中的摆设也搞乱一些,造成"最后的疯狂"的场景。最后,他做了最关键的一件事,在墙上题了一首绝命诗:

学道无成岁月虚,天乎至此欲何如。生曾许国渐无补,死不忘亲恨不余。自信孤忠悬日月,岂论遗骨葬江鱼。百年臣子悲何极,日夜潮声泣子胥。

随后,王导看着自己精心布置的现场,微微笑了一下,便顺着唯一的一条下山的小路,向江边走去。

当几个吃饱喝足的锦衣卫推开阳明的房门时,王阳明早已不见踪影。他们又追至钱塘江边,只找到了阳明故意留在岸上的冠戴朝靴,想到房间墙壁上的那首绝命诗,几个人就应王阳明的强烈要求,断定此人已畏罪自杀。

消息经过这几个人的添油加醋后传到京城，引来无数人扼腕叹息。只有湛若水心中暗笑，阳明是使诈的高手，此刻不知在哪里逍遥快活呢。

正在几个锦衣卫密切勘察自杀现场的当口，王阳明已然泛舟东海之上，心中又升腾起了新的希望。

不料，在疾风骤雨之下，这艘商船偏离了航道，误入福建境内，在福州东郊的鼓山停了下来。

心有余悸的王阳明没有跟商人们同路，而是选择了一条僻静的小路，一路向山中奔去。

忽见山中一座寺院，饥肠辘辘的阳明仿佛看见了一锅大馒头。没想到寺院中的和尚听了他借宿的请求之后，话都没多说一句，就关上院门进屋吃馒头去了。

阳明顿觉世态炎凉，听说小庙里的和尚没一个好东西，果然如此，难道是天绝我王阳明！

阳明跌跌撞撞地又走了一段山路，眼前出现了一堆断壁残垣。他仿佛看到了余姚家乡那竹林掩映间的故园，他再也支持不住了，一头栽倒在一堵破墙边上，沉沉睡去。

醒来已是天明时分，阳明睁开眼睛，发现昨天寺庙里那个讨厌的和尚正嬉皮笑脸地看着他。

你这和尚，人家睡觉有什么好参观的？

咦，我的包裹呢，是不是你趁我熟睡时顺走了我的包裹？

那和尚受不得冤枉，终于开口了，我倒是想来顺你的包裹，可惜老虎大哥比我手快，早就把你的包裹顺走了。

老虎！阳明一脸惊愕，不知所云。

是呀，此处常有老虎出没，实话说吧，施主，昨天不收留你过夜，就是为了等老虎把你吃了之后，我过来取你的包裹，没想到啊，最近这老虎怎么贪起财了呢？

阳明听后，倒吸一口凉气，可怜我王阳明方脱魔掌，又险些入了虎口。

那和尚一脸堆笑地说道,老虎都不敢碰您,您肯定是福大命大造化大了,还是跟我回禅院吧。

阳明心想,这和尚虽然卑劣,但也诚实。然而转念一想,我都惨到如此地步了,别人欺骗我还有什么意义呢?不管怎样,先要混口饭吃才好。于是,阳明跟着那和尚来到昨日的寺内。

一餐饱饭之后,阳明在那和尚的引导下,来至寺庙后殿参观游览。

正流连于佛堂中的壁画之时,只觉有人从身后拍了自己一下,阳明转身一看,猛然大吃一惊,原来是他!

那人微微一笑,守仁兄别来无恙啊!

明夷之卦

眼前站着的正是二十年前阳明于新婚之夜在铁柱宫相与彻夜长谈的那个道士!

二十年恍然如一梦,阳明此刻有些恍惚,不知自己身在落难的今日,还是在二十年前的新婚之夜,难道我真的穿越了?

回过神来后,二人落座攀谈,一如当年。

王阳明便将自己的遭遇都说与道士听。道士不断点头,那你今后有何打算?

阳明叹了口气,将隐姓埋名,为避世之计,请您给我指条避世之路吧!

道士摇头笑道:"先生您糊涂了,你的全家老幼尚在。若刘瑾迁怒于他们,诬陷你北投蒙古,将你父亲下狱,严刑拷打,如之奈何?"

道士见阳明有动摇之心,又说,我送先生一首诗,望先生能明了其中真意。

其诗曰:

二十年前已识君,今来消息我先闻。君将性命轻毫发,谁把纲常重一分。寰海已知夸令德,皇天终不丧斯文。英雄自古多磨折,好拂青萍建大勋。

阳明听罢,已然明了,稍去了避世的念头。

第二天,阳明就决定告辞道士,回转正途去了。道士亦不挽留,只是要求阳明在临行之前算上一卦,看看前路的吉凶。阳明心想,道兄你也是的,我的前途不过是在龙场那个地方受一番苦楚,十有八九得客死异乡,这个吉凶,不占也知道了。

可阳明还是占了一卦,遂得明夷之卦。

那道士看到卦象,正在旁边歪着脑袋笑对阳明呢,心说,这卦还是真准咧!何为明夷之卦?

首先声明,我不是在宣传封建迷信,而是在普及古典文化知识。

声明过后,我就放心地说说这卦象。

《易经》之中有八八六十四卦,这明夷之卦排名第三十六位。这个卦是异卦(下离上坤)相叠。离为明,坤为顺;离为日;坤为地。上卦"坤"是地,下卦"离"是太阳。再说明白点,这卦就象征着太阳沉没地下,光明受到伤害;所以,命名为"明夷"。这一卦的主爻"六五",虽然在上卦的中位,但阴爻柔弱,又包围在上下的阴爻中,象征贤者以明德被创伤,立场非常艰难;惟有觉悟立场的艰难,刻苦忍耐,坚守正道,韬光养晦以自保,才会有利。

六十四卦各有疏解,对于没有接触过的人实在是很难理解,其实也没什么了解的必要。古代人们没有天气预报,没有时空探测,只好坐在家里看看天,算算命。如果现在还拿这些卦象当做自己命运的走向,那就没劲了。

然而,阳明先生卜出的明夷之卦实在符合他当时的心境。阳明看看卦象,心中勇气倍增。他拿起笔在屋内的白墙之上写道:

　　险夷原不滞胸中,何异浮云过太空。夜静海涛三万里,月明飞锡下天风。

墙上墨渍未干,阳明已提着包裹下山去了。在他心中,所有的磨难都被希望压了下去,升腾起来的是一片安详静谧的氛围。让暴风雨来得更猛烈些吧,我自岿然不动!

讲学

王阳明取道武夷山,辗转鄱阳,到南京看望了自己的父亲。王华正在养老院里想儿子,但是,真见到活人的时候,又诧异他为何而来。阳明又尽道原委。

天下所有的父母都一样,当别人问你飞得高不高时,只有他们关心你飞得累不累。

王华看到比自己更显苍老的儿子,无比辛酸。于是建议他不要在南京久做停留,以免引起是非,而是应该折返到杭州,暂且调养一下身体,再去那蛮夷之地做什么驿丞。

阳明于是听从父亲的建议,又返回杭州,在胜果寺中暂得了浮生半日之闲。

说闲也不闲,在杭州的几月之间,阳明开坛讲学,并且收了三个很不错的徒弟。

古代没有如今这样教育机构铺天盖地的广告攻势,阳明收学生,全都是靠着自己的影响力。这影响力正源于阳明在京城上书遭贬的一番经历。

大明帝国到了中后期,民间已经完全跟庙堂唱起了反调。凡是官方拥护赞赏的,民间大多反对唾骂;凡是官方责罚申斥的,民间大多拥护崇拜。据说有些官员为了在民间与知识分子阶层博得一个好的名声,故意激怒当权者,骗得廷杖,受了皮肉之苦后,自己的声誉便好了起来,腰也不酸了,腿也不疼了,身体倍棒,吃嘛嘛香。此等作为,真是古今独步啊!

当然,王阳明的廷杖不是骗来的,他的名声是响当当的人格换来的。他誓死与死太监相抗争的光荣事迹迅速传遍了他的家乡余姚以及江浙一代,并且在群众当中引起了强烈的反响。

年轻的学子们争相以王阳明为榜样，立志好好读书，将来也要上书挨板子，跟死太监斗争到底。在一些书院里，学生们还自发开展了"不怕挨板子，争当王阳明"的主题活动。更有一些年轻的女性把阳明先生当作了心中的偶像，发誓非王阳明不嫁。

当他们的偶像王阳明再次来到杭州小住之时，几个忠实粉丝便找上了门，决议要拜阳明为师。

阳明看了看三个人摊在自己面前的各种学历证书、资格证书和获奖证书，心中也有了底。

阳明一生做过很多事情，但讲学当老师这事，无疑是他的一件乐事。阳明深知，改变什么都不如改变人心来得顺当，而改变人心，就要讲学，让自己的思想通过万民之心而泽被世间。

况且，办私学也一直古代知识分子的一个传统。讲学、书院在中国历史上是和官学相区别的私人和社会行为。不在官僚体制内运转，无须靠国家的力量就可以运行。平民布衣可以讲，官员一边做官可以一边讲学，官场失意的可以退下来讲学。

孔子周游列国失意，晚年专注于办学培养人才，算得上中国最早的民办教育家。

而朱熹的理学也是通过私学发展起来的。理学四大家，"濂、洛、关、闽"在定为官学之前，均是私学。朱熹生前讲学备受打压。他一生无论是做小官还是赋闲，都讲学不辍。

私学的接力棒传到了王阳明手中，以成圣为目标的阳明先生没有理由不把私学的传统发扬光大。要使圣学深入人心，迎来儒学的伟大复兴，就必须要创立自己的学说，建立自己的学科团队，那么，讲学的作用就不言而喻了。

徐爱，字曰仁，号横山，浙江省余姚马堰人，是王阳明最早的入室弟子之一，据说他也是王阳明的妹夫，阳明之妹王守让的丈夫。正德三年进士及第。

可惜，徐爱只活了三十一岁。据说他曾经跟阳明说起他的梦境：在山间遇一和尚，和尚预言他"与颜回同德，亦与颜回同寿"。后果三十而亡。阳明闻其死讯,大呼:"天丧我!天丧我!"

从这只言片语中,我们可以想见徐爱的为人,温、良、恭、俭、让,乃是王门的颜回。

另外二人,蔡宗兖,朱节,王阳明也评价颇高,"希颜之深潜,守忠之明敏,曰仁之温恭,皆予所不逮"。

三个人行过拜师礼后,就要去北京国子监读书了。临行前,阳明在《别三子序中》以《尚书》中的"深潜刚克,高明柔克"赠与三个徒弟。

这八个字曾巩曾经给过解释:人之为德,高亢明爽者,本于刚,而柔有不足也,故齐之以柔克,所以救其偏;沉深潜晦者,本于柔,而刚有不足也,故济之以刚克,所以救其偏。

另外,写了封信让他们带去京城找湛若水,让他帮忙罩着新收的三个弟子。

此时的湛若水和其他的京城官吏一样,刚刚听说王阳明投江自尽的消息。

斯人已逝,亲者痛,仇者快。

几个与阳明素有交情的官员们私下里叹息不止,原以为守仁兄挨过廷杖的生死关,就能保住性命了,没想到,还是没有逃脱刘瑾的魔爪。

只有阳明的至交湛若水丝毫没有苦痛之意,虽然不向外人称道,但老湛心里明白,阳明是使诈的高手,不可能这么轻易地就被几个二百五锦衣卫逼得跳江了,那样岂不辜负了一世的英明,也对不起刘公公的重视呢。

为了对得起刘公公的加倍呵护,王阳明又上路了。

他在杭州胜果寺度过了由夏至秋的一段相对舒心的日子,就在秋末的时候决定离开了。该承受的终归要承受,阳明不是缩头乌龟,他依然怀着成圣的愿望,带着三个仆人向贵州去了。

山一程,水一程,身向榆关那畔行,夜深千帐灯。风一更,雪一更。聒碎乡心梦不成,故园无此声。

古今文人遭遇堪悲,苦楚皆同。上不能忠君报国,下不能济世安民,只得在黑暗的世间摸索前行。真正的悲哀不在于山重水复,风急雪紧,而在于对自己无能的愤怒。我空怀济世之才,却将要在这蛮夷之地将白骨掩埋,悲哉!

艰辛的旅程又增添了阳明的几丝颓废之意,他又不自觉地想到了屈原,想到了"遇与不遇"这回事,于是,他又以香草美人的传统,作了一篇《去妇叹》:

委身奉箕帚,中道成弃捐。苍蝇间白璧,君心亦何愆!独嗟贫家女,素质难为妍。命薄良自喟,敢忘君子贤?春华不再艳,颓魄无重圆。新欢莫终恃,令仪慎周还。

依违出门去,欲行复迟迟。邻姬尽出别,强语含辛悲。陋质容有缪,放逐理则宜;姑老籍相慰,缺乏多所资。妾行长已矣,会面当无时!

妾命如草芥,君身比琅玕。奈何以妾故,废食怀愤冤?无为伤姑意,燕尔且为欢;中厨存宿旨,为姑备朝餐。畜育意千绪,仓卒徒悲酸。伊迩望门屏,盍从新人言。夫意已如此,妾还当谁颜!

去矣勿复道,已去还踟蹰。鸡鸣尚闻响,犬恋犹相随。感此摧肝肺,泪下不可挥。冈回行渐远,日落群鸟飞。群鸟各有托,孤妾去何之?

空谷多凄风,树木何潇森!浣衣涧冰合,采苓山雪深。离居寄岩穴,忧思托鸣琴。朝弹别鹤操,暮弹孤鸿吟。弹苦思弥切,巉岏隔云岑。君聪甚明哲,何因闻此音?

爱思考的多事者又要问了,自己备受艰辛写自己就得了,为什么唧唧歪歪地写个弃妇在这里痛苦呻吟?

传统,这是个传统的思维方式。屈原以降,几乎所有遭受挫折的中国古代文人都会将自己比作弃妇,或赋诗,或为文,他们在笔下隐藏自己的身份,却让一个弃妇去发泄自己的情感。

有人把发端于屈原的这种重度传染病叫做"弃妇式的审美心理"。

这么说吧,就是一个大男人不好意思整天愁啊苦啊,但心里实在郁闷啊,于是就编一个被人抛弃的女人出来替自己泄私愤。而女人遭男人抛弃,就如同自己被君王无情贬谪放逐一样,爱恨交织,欲罢不能。

第六章　龙场悟道

龙场

龙场,在今天的贵州修文县境内。地方不大,名字却很气派。

据说龙场之名的来历源于古人用天干地支计算时日和场期,因辰戌日赶场,辰日属龙,故名"龙场",彝语称"龙尔"。明洪武十七年,贵州宣慰使奢香夫人开龙场九驿,在这里设首驿。王阳明要做的这个驿丞正是司职此驿也。

公元 1508 年 3 月的一天,龙场迎来了一位旷古绝今的客人。

是他给这个中国大地上极不起眼的蛮荒之地带来了无限的生机与希望。

想来,今天修文县旅游局的官员们看着阳明洞景区川流不息的游客,一定会念及这位客人的好处,不是阳明先生的光辉思想照耀,哪有我修文县今日蓬勃发展的旅游事业。

王阳明是圣人,不是先知,他无意去照料龙场五百年后的旅游事业,他正在纠结眼前的一切。

近处,栅栏,老吏,瘦马。

远望，则是漫无边际的崇山峻岭，荆棘丛生，瘴气弥漫。

一会儿功夫，树丛里聚集了几个土著人士。这些衣不蔽体的蛮夷之人也打量着这位长者，衣衫褴褛，面色铁青，不像官，也不像仆，难道是迷路的行人误入此境。

观察了几天，想了几个晚上，土著人终于明白了，哦，这几个人不是迷路的，因为他们在盖房子了。

明代的官员本来待遇就相当微薄，何况阳明又是遭贬谪之人，就更没有三居室和安家费了，一切都要自己来创造，刘公公和爪牙们正在京城发狠，贬你到此，就是为了让你遍尝这人间苦楚。

阳明和三个仆人亲自动手，用茅草树枝搭起了一间还算能遮风挡雨的陋室。陋室建成，建筑工人王阳明又即兴赋诗一首《初至龙场无所止结草庵居之》，嘿嘿，咱们工人有力量！

不知阳明此刻是否会想起老杜先生的感慨，安得广厦千万间，大庇天下寒士俱欢颜！

饥饿，又一阵阵席卷而来。

这几日，带来的干粮已经吃得精光了，阳明他们不是野人，林子里出没的飞禽走兽，是不能拿来茹毛饮血的。

粮食，对于鱼米之乡长大的王阳明来说，山珍野味比不上大米白面。

阳明想起了这几天总来看热闹的那些土著人士，他尝试着比比划划跟他们沟通。

扬手不打笑脸人。看到这四个人和善的面孔，土著人士的些许敌意很快就消失了。

底层的人们是最好沟通的。

阳明看惯了官场险恶，尝尽了世态炎凉，不想在这蛮夷之地却获得了一种从未感受过的温情。很快，阳明便和周围的土著人打成了一片。

土著人教阳明他们怎样种粮种菜，阳明也指导土著人怎样制土坯，盖房子。

夜晚，劳作了一天的人们点起篝火，大家围坐在这位新来的驿丞身边，听着他讲那些大山外面的事情，如痴如醉。福祸相依，阳明的贬谪却给龙场的人们带来了意想不到的幸福，这位建筑工程师、教书先生、音乐作词作曲家、疑难杂症大夫就仿佛一个硕大的礼物，从天而降，砸到了龙场人们的生活中。

知恩图报，是善良的人们最淳朴的做法。他们私下里为阳明先生物色了一个新的住所——山坡的向阳处。不到一月功夫，大家就用阳明教的方法盖好了一座房子，虽无亭台楼阁，但也规模颇大。

于茂林修竹之间，有了一座偌大的宅院，这使阳明不禁想起了家乡的故宅，也是这样竹林掩映，也是这样温暖人心。

过去的快递业当然跟现在的淘宝时代没法比，阳明这个邮局局长其实就是个闲职，没什么业务。

于是，阳明重操旧业，开坛讲学。

阳明一生身份转换无数，文攻武卫，驰骋乾坤。可要说他自己最喜爱的职业，当是这个教书先生。

附近的学子们听说京城的大儒王阳明被贬至此，开坛讲学，便蜂拥而至。人类对知识的渴望，有时候会达到你无法想象的程度。

阳明办学，不用打什么小广告招揽生意，他自己就是个金字招牌。讲学的规模越来越大了，阳明遂将土著人赠与他的府邸命名为"龙冈书院"，卧室取名为"何陋轩"，显然是借用了刘禹锡"何陋之有"的典故。

在一篇《何陋轩记》中，阳明写道："夷之民，方若未琢之璞，未绳之木，虽粗粝顽梗，而椎斧尚有施也，安可以陋之？"

如果一直这样平静地温暖下去，也就罢了。

但官员们的耳朵向来很长，而且都装有选择性收听设备，人们的疾苦听不到，但只要有什么人"兴风作浪"了，就立刻警觉起来。什么？竟然有老百姓给一个驿丞盖府邸，而这个贬谪至此的驿丞还在这里开坛讲学，妖言惑众，这还了得！

首先出手的是当地的长官。

他琢磨这个王阳明也太不懂规矩了，初来乍到，不来拜见我这个大人，却跟那些未开化的土著搅在一起，思想何在？觉悟何在？得给他点颜色看看。

于是，他派了手下一伙人去打砸抢。没想到不过半天工夫，这帮人就一个个鼻青脸肿地回来了，报告说，被当地土著教训了，他们人多势众，还会攀岩爬树，我们几个根本就只有挨打的份儿！

长官先生一听就气炸了肺，无法无天了，他王阳明不当驿丞，想当妖精啊！

挨打也能让人聪明起来，长官明白了个道理——要文斗不要武斗，于是，他找到贵宁道按察司副使（贵宁市检察院副院长）毛应奎，想让他以行政手段干预一下这个胆大包天的王阳明。

谁知毛应奎是个老狐狸，你们底下的人打打闹闹，关我屁事！再说啊，瘦死的骡子比马大，他王阳明虽贬谪至此，谁知道他京城有没有几个相好的，他哪天兴趣一来，派个鸽子大雁的给京城的弟兄捎个信，我这个按察司副使也就算做到头了。

毛应奎看看眼前这个来挑拨离间的人，心说，我不能陪你一起二啊！

于是，他想了个两头都不得罪的方法，给王阳明写了封信，让他过来跟长官大人磕个头赔个不是，这事情就全当没发生。明眼人都看得出来，这是给王阳明台阶下呢。

可王阳明却不吃这套。我已入地狱十八层，你给我个台阶，不过是再下一层地狱罢了，对我并无什么影响。

光脚的不怕穿鞋的。

阳明料想人生至此，除尊严外，已一无所有，这个我不能放弃。

于是，阳明给毛应奎回了一封不阴不阳的信，传达了下级对上级的三点精神：

第一，长官是公职人员，派来的人是来办公的，不是来打砸抢的，至于耍流氓，是那手下的人做的，并非长官本意，同样，我也没有煽动百姓揍他，是流氓大大坏掉了的"良心"煽动了百姓群众。我与地方长官间没有任何关系。我想不出理由来向他赔罪。

第二，磕头也要讲究道理，如果不该磕而磕或者该磕却不磕都是不对的，我就不应该给长官磕头。我不自取其辱。

第三，在京城住惯了高楼大厦的我来到这蜗居之所，被虫子叮得体无完肤的我已经将生死富贵看淡了，我赖以自守的只是礼义廉耻。如果这个都放弃了，我还不如去死了呢。

毛应奎看到此信，如醍醐灌顶，又如痛饮甘霖。不想在这贵州蛮荒之地，竟遇这等思维缜密、言辞犀利而又魅力十足之人，不愧是见过大世面的北漂一族。惺惺相惜，何惧等级束缚，毛应奎放下书信，连夜驰往王阳明住所。

入夜，龙岗书院的客厅之中，一盏灯火，几壶温酒，两位长者彻夜长谈，他们要用微弱的智慧的光照亮这蛮荒之地的清澈夜空。

与毛应奎作了朋友之后，王阳明的生活有了些许的改变。

这天，水西宣慰使派人给龙场驿送来了米、肉、金银、马匹，来到之后，还没等王阳明说话，使者就立刻吩咐手下的人上山砍柴，砍够了阳明先生半年用的柴再回来！

阳明一看这架势，心里就明白了几分。他说，我只是一个被朝廷贬到这里来的人，在这儿金银、马匹用不着，原数奉还。但我要吃饭，所以，大米和肉等我收下了。那么接下来，你们长官有什么事要我做，就说吧。

使者一听，心想这先生果真不是一般人啊，我这回回去不会挨骂了。

原来，水西这地方本来是有驿站的，但宣慰使想要废掉驿站，因为没有了驿站，他就可以在这里横行不法，而朝廷根本不会知道。可是，他有贼心却没有贼智，于是就来请教这个京城来的智者，问问用什么方法才能达到去了心患又不被上级追究的效果。

拿人米肉，与人消灾。阳明于是写信给这位宣慰使，要他别胡思乱想，驿站可是朱家老祖宗留下来的制度，连后来的皇帝都不敢废掉，你一个宣慰使居然有这样的想法，这不是去敲地狱的大门吗？即使你有能力废掉驿站，那么，别人比你官职大的多了，他们也有权力，大家都把驿站废除，天子听不到地方的消息，岂不是要天下大乱？

宣慰使被这封信吓得几天没有睡好觉,并为当初的鲁莽想法而深深懊悔,便不由自主地总去王阳明那里听课,成了王阳明的旁听弟子。

不过,这位宣慰使还是有想法。当时,一位姓宋的酋长有个不安分的手下造反了,可这位宣慰使手握重兵,居然按兵不动。王阳明就给宣慰使写信说,现在大家都知道是你在按兵不动,剿灭一个酋长对你而言是轻而易举的事,何况只是一小股反政府势力,居然纵容他们在你的界面闹得天翻地覆。朝廷倘若知道了,该作何想?他们会不会认为你是没有能力?万一把你撤换了,该怎么办?

宣慰使幡然醒悟,立即出兵,很快就剿灭了叛乱。

我独向黄泉

能够战胜一切的革命乐观主义精神,却战胜不了内心的孤寂。

到此境地,外部条件的好坏对阳明已经不够重要了。

他完全可以像周星驰在《唐伯虎点秋香》中那样怒吼道:谁敢比我惨?!

失去所有比原本就没有,哪个更惨一些?幼儿园的小朋友也会告诉你,是前面那个。

数数阳明这些身外之物,官阶从六品主事降到了没有品级,家财从小康水平落入了赤贫的境地。现在的他,除了一身的痼疾和三个带死不活的仆人,别无他物。

虽然新近多了些学生、朋友和毛应奎这样能够关照他的地方官吏,但生活还要自己继续下去,依赖他人不是办法。何况精神上的孤寂才是人类更加深沉的痛苦,阳明何以面对?

网上流传着一道无聊的选择题,说把你放到一个没有人烟的地方,没有网络,不通电话,但有足够的书籍,自己过两年,能得到一千万,你干不干?

我当然干了,人生有了书籍,夫复何求?况且还有一千万的补偿。

书籍很重要,阳明却又是没有,食不果腹尚能茹毛饮血,没有了书,阳明生

王阳明悟道

不如死。搁我也一样,简直没法活。

于是,阳明决定体会一下死的感受。

别误会,不是自杀。

他为自己造了一个石椁。内为棺,外为椁,阳明为自己的棺材造了外套,这对于一个曾经督造过威宁伯墓的工部主事来说,并非一件难事。

暗夜无边,凄风厉雨。

第六章 龙场悟道

龙场驿驿丞王阳明独自躺在冰冷的石椁里。他感觉自己连同周身的石椁都融入了漫无边际的黑暗之中,他浑然分不清自己的身与心,形与神,或是——生与死。

生死的边界慢慢地模糊起来。

与僵硬的身体相反,他的大脑在飞快地转动着。生死到底是什么?黑暗帮助他摒弃了一切的杂念,他在最清澈的记忆的河中搜寻着答案。

孔夫子站在他面前,一副安详的样子,他刚要开口问问生死之事,夫子突然严肃起来:"未知生,焉知死?未能事人,焉能事鬼?"

他沉默了,夫子的话像一击宠锤砸到他心上,他的生又在哪里?

这时,叔孙豹和荀爽二人并肩走来,叔孙豹首先训诫道:"太上有立德,其次有立功,其次有立言,虽久不废,此之谓不朽。"荀爽在一边应和道:"是呀,死又何如?其身殁矣,其道犹存,故谓之不朽。"

此时,远处又传来孔夫子的声音:"朝闻道,夕死可矣!"

阳明恍惚了,生怎样闻道,死又如何不朽?

恍惚间,远处哀乐悠扬,渐渐清晰。他转身,突然发现他的椁里躺着另外一个人,此人面庞瘦削,然嘴边微翘,异常安详。如此安详,难道他已是闻道而死?

"天丧予!天丧予!"他的耳边又响起了这个熟悉的声音。他又一转身,只见孔夫子正伏椁而泣。难道!难道他的椁中躺着的正是孔门的大弟子颜回!相传回死,有棺而无椁,我的椁借他一使,也算是造化。

正欲离去,他又愕然发现,椁中的颜回竟又变成了一个女子!

他立刻起身四下找寻,夫子竟也不知所往,这个女子到底是谁?

这时,一人披头散发地走来,绕着石椁鼓盆而歌曰:"聚则为生,散则为死;察其始,而本无生;非徒无生也,而本无气。杂乎芒芴之间,变而有气,气变而有形,形变而有生……"

他是庄周。

阳明刚刚反应过来,只觉天地陡然旋转起来,过去的黑暗一扫而空,此刻已阳光普照,温暖人心。

庄周也不见了,在阳明身边,飞散着千万只蝴蝶。

阳明伸手去抚摸蝴蝶,却感觉脚底一沉,又坠入了万丈深渊……

阳明依然躺在石椁里,耳边仍然回荡着庄周的歌声"本无生,本无气……"

本无生,又何所谓死?本无气,又何所谓形?

难道这就是生死的真谛,等同生死,也就无生无死。

阳明又想起了庄周讲过的一个故事,他说郦姬出嫁之前,哭得伤心极了,以为从此就掉进水火之中了。谁知出嫁后,与晋王同吃同住,非常美好。这时,郦姬悔不当初,后悔自己当初为什么要害怕出嫁。庄周说,人怕死也象郦姬当初哭嫁一样。人大都不知道死后的情形,所以认为死很可怕,而我们怎么知道那些死去的人不为自己生前祈求活着而后悔呢?

是的,生不足喜,死不足悲。我王阳明此刻,真的感受到了这种对于生死的淡然。

于是,这次有关生死的心理试验宣告成功。

哲学是什么?

请原谅,我必须先唠叨一下哲学这个概念。因为参透了生死的王阳明在以后的很长一段时间内,都是躺在龙场的那个石椁里想着这一件事,哲学真是个无聊的学问啊!

哲学是个厉害的学科,在我高中的时候,我对哲学的理解是这样的:这个学科是什么?我一辈子都搞不懂;这个学科的研究者在干什么?我也一辈子都搞不懂。因此,当高考分数下来的时候,向来不自信的我痛苦地放弃了愤青培养基地——北京大学,唯一的原因,听了真是让人笑掉大牙,于文学心有戚戚焉的我怕招生办的老师把我"转包"给哲学系!

多年以后,当哲学对我来说,如一位大大咧咧的闺蜜一样,不打电话、不发短信、进门后直奔冰箱去搜寻冰激淋,就这样时常没有缘由地径直闯入我的心扉,我真的有些后悔,年少轻狂之时,为什么没和哲学偶尔约会一下,谈谈心呢?

哲学是什么?想起我和两个"哥们"的一次"谈话":

哎呀,我的妈呀!

住口,这种粗俗的语言你也说的出口!

那好,哎呀,我的天呐!

还是俗!

我的道啊!

理!

气!

心!

说到这,我们三个都没话可说了,因为我们已经讲完了一部中国古代哲学史,"心"已经讲到了阳明心学以及晚明思想解放,后面的清代,除了皓首穷经的少数激进分子之外,乏善可陈。

几千年来,大家都前仆后继地在那几个字上做文章,其实,大家都是想知道一件事情,就是,世界的本原究竟是什么?这就是哲学的根本命题。

世上本无事,庸人自扰之。

这些"庸人"一扰就扰了好几千年,可真是够执着的,为什么?因为哲学有一种神奇的的魅力,这些庸人们一想到哲学,就像杨丽娟想到了刘德华、郭敬明想到了韩寒、奥巴马想到了利比亚的石油一样,心肝乱颤,欲罢不能。

而哲学,犹抱琵琶半遮面,究竟也没让人看明白。我显然不是研究哲学的那块料,也搞不清世界本原到底是什么,我只配跟大家说说阳明心学,再侃侃阳明先生的生平行状和八卦秘闻,仅此而已。

穷则返本

人穷则返本。

小婴儿想吃奶,不喊奶,却一个劲喊"妈";说人挨了痛打必定哭爹喊娘的;也有人高级一些,诸如"老女不嫁,踏地呼天"。

人在穷途末路之时,总会想到自己的根本,父母也好,天地也好,那是他们所认定的根本。

王阳明也是一样,在这种惨到极点的境遇中,他也返本了。

更加高级,他想的是世界的本原,要不说人家是圣人呢,比常人毕竟高远一些。

在蛮荒的大山之中,在无边的黑暗之中,在远离喧嚣的澄净之中,王阳明如一切先贤至圣一样,思考着同一个问题,这个世界的本原究竟是什么!

唯心还是唯物?

古人们疑问,这是啥啊,为啥要这么分类?

他们讲的是天道,天道才是世界的主宰,才是创世纪的本原。

然而,天道是什么?老子扔下大道理不讲,首先把求知的人们一闷棍子打懵了,"道可道,非常道。名可名,非常名"。

老子明确告诉我们,这个道是不可言说的,哈,你们这下明白了吧。

明白什么啊!不可言说,你又说什么呢,一位愤青站出来争辩道。

老子拈着胡须道:"我要言说的是不可言说的!"老子真是个悖论大师!与欧洲中世纪的神学家德尔图良的"正是因为不可能,所以我才相信"一样有趣。

接下来,老子就说了,"道之为物,惟恍惟惚。惚兮恍兮,其中有象;恍兮惚兮,其中有物。窈兮冥兮,其中有精;其精甚真,其中有信。"

真是还不如不说呢,更玄乎了。

一心求学的愤青们,一听老子这番话,彻底失去了生存下去的勇气,您还是把我杀了算了。

可是老子的这套迷糊哲学,却被后世的有识之士定义为了朴素的唯物主义思想,这哪跟哪啊!

其实,中国人向来就是迷糊的。说事不说清楚,叫意在言外,叫意境幽远,如"蓝田玉暖,良玉生烟","羚羊挂角,无迹可求",总之,让人摸不着头脑,就是高了。

愤青们等了二十年，都熬成愤怒中年了，又去问孔子。孔子告诉他们，天道是道德创造、生命意义以及终极自我转化等一切一切的根源。愤怒中年们一听，掉头就跑，孔子追上他们，又说："朝闻道，夕死可矣！"

何为世界本原？又有谁能真正说清呢！你说道，我说气，他说理，吵啊吵，吵出了多少哲学家，多少古圣先贤，到头来，还不是没有个结论。

哲学的魅力也正在于此。

实用主义者此刻就得站出来提问，啥魅力啊，讨论世界本原，究竟有什么用啊？

首先，我不同意做什么事都要讲用处这回事。

然后，我要说说，这个，当然是有用的了。由世界本原，演化出许多有形无形的事物，而这些事物当中，关于评判标准，关于秩序，就是古人一直讨论的问题。善恶对错，总要有个标准，不然，法官怎样断案，青年怎样奋斗，丈母娘怎样选女婿。

心即理

阳明躺在石椁之中，思索着至圣先贤的话语，一时间，他的思路停留在了朱子的理学之上。毕竟，他生于理学繁盛之时代，背的念的记的都是些理学要义。

程朱理学的要义之一就是把世俗的情欲与纯然的天理分开。

这个观点，当然很多人都不待见了。但是，理学家们自有一套说辞。他们说人要在对世俗欲望和感情的克制中，才能提升到天理的高度。朱老夫子总是说："此心之灵，其觉于理者，道心也，其觉于欲者，人心也。"天道之心是崇高的，而人心则是至轻至贱的。

其实也难为这些理学家了，他们要建立一种理想的道德秩序，就得在道理上确认这两种"心"的差异，因为只有这样，才能在实践上确认从沉沦的世俗层次提升到超越的天理境界,需要一个相当艰难的学习过程。

于是,朱熹就给出一个学习过程的样板——格物致知。

朱夫子说,我不是已经说了吗,天理是普遍存在于万事万物中的原则,而又处处体现于种种琐细的万事万物中,那么,我们就要下定决心不怕牺牲,坚决要对这些万事万物进行相当仔细的观察体验,从中体会出"理"来。

这样做的好处是什么呢?撇去真正的物理学不说,理学家们强调这种艰苦的学习过程,实际上是要确立士人作为"师儒"在教育和指导中的意义和价值,确认士人的意义和价值,才有可能给士绅阶层保留那点可怜的最后的存在空间。

出发点是好的,但弊端也是很易显现的。

就这么总是要求人们追寻终极本原而超越生活世界,要求人们执"道心"而弃"人欲",人们必然会对自己的精神心灵有所警惕,我的心灵是否又不够澄净了,我的内心是否又不合天理了,整天这么琢磨下去,"天理"成了绝对律令,人心的自由却不见了。

以朱熹们所讲,天理就悬在高空,对世俗世界的极端鄙夷和对超越世界的过度推崇,都使得人们,这些始终生活在世俗世界中的凡夫俗子们越来越无所适从,天理过于高尚,人们无论怎样也无法企及。

最终的结果,天理,只能成为官方训诫的教条、社会约束的严厉规则和朱元璋、朱棣们行使皇权的强有力武器。

人们的自由思维不见了,活泼想象不见了。时代死了。

王阳明知道,这些都是需要修正的。这个思想的世界里,急需一缕清澈之光来照亮世人的心灵。

他想起了多少年前,他与友人于竹林之间格竹的情景,殚精竭虑,枉费心机。

他想起了朝堂之上,几人面目狰狞,几人满口道德天理,几人为崇高而抗争,又有几人把天理撕得粉碎。

他想起了在锦衣卫的诏狱之中,他是怎样度过了那些凄冷的夜晚,并无外物可求，并无天理要格，支撑他度过难关的只有源于他内心的强大力量。

一如此刻，他只身躺在石椁之中，周身只有这空旷的如死一般寂静的黑夜。

他脑子里忽然闪现出一个念头，"圣人处此，更有何道？"

是的，圣人处此，更有何道！

他默念出一段文字："盖文王拘而演《周易》；仲尼厄而作《春秋》；屈原放逐，乃赋《离骚》；左丘失明，厥有《国语》；孙子膑脚，《兵法》修列；不韦迁蜀，世传《吕览》；韩非囚秦，《说难》、《孤愤》。《诗》三百篇，大抵贤圣发愤之所为作也……"

是的，孟夫子说得对，天将降大任于斯人也，必先苦其心志，劳其筋骨，饿其体肤，空乏其身，行拂乱其所为，所以动心忍性，增益其所不能。

且慢，至圣先贤们处于逆境之时，难道有充足的外物留待他们去"格"吗？周文于牢狱之中，左丘于失明之时，外物何在？又以何而得天理？

是内心的强大支撑他们在逆境之中无畏地前行！

内心的强大才是真正的强大！

阳明的头脑中，一个思路慢慢清晰起来，天理自人心中而出，说得更放肆大胆一些，心即理，我心即是主宰万物的天理，是这个世界的根本！

一切对外物的探求、一切外在的艰苦修行、一切源于天道的戒律约束、一切外物的理性分析，都无意义！

天下根本没有心外之事，更无心外之理。

心就是世界本原，宇宙的本体，万物的主宰，安身立命的根据，衡量是非的标准，天地间诸事诸物，举凡纲常伦理，言行举止，成败荣辱，皆不出于我心。

为嘛涅？

有个关于"岩中花树"的故事。又想到了高中的政治课，那简直是我的梦魇。以至于高中毕业后的那个暑假，我在大街上碰到那位教哲学的老师，竟然忘记她姓啥了，真是对人性的戕害啊！

那时我就是不明白，为什么古代的哲学家们老是跟这些花花草草过不去，大林寺的桃花，慧能的那个菩提树，还有王阳明的岩中花树。现在，我倒是有些理解古人了，他们的娱乐活动没有今天这么丰富多彩，不能上网、蹦迪、打游戏，只能去户外赏赏花草，到歌舞场中听个小曲儿，看看美女。于是，正经的哲学家们就把眼光放在了花花草草上面，不正经的文学家们，则专攻歌舞和美女。

有一天，王阳明游南镇，一个朋友指着石头中的花树，问他说："你说天下没有心外之物，那么这花树在深山中自开自落，和我心的密切关系有木有？"

王阳明心想，你是不是我的托呢，我正愁没地儿把理论和实践相结合呢，于是便别有用心地说："你见到这花之前，花与你的心各自寂静；你来看此花时，花进入我们的内心，此花便在心头显现出来。便知此花不在你的心外。岩中花树对于心来说，其存在本身及其意义的被确认，在于花在人心中的显现。"

这就是高中政治课所大力批判的主观唯心主义的经典事例。

王阳明说，我的心感到了，它才是花。我的心没有感到，它就是不存在。

某些人看到王阳明的论断，肯定大呼过瘾，说，我当初怎么没想到呢，还说什么带了避孕套就不算强奸，哪有那么麻烦，应该说，我的心没有感到，强奸就没有发生过。

可是，阳明先生不是这样的猪头，他的理论当然也没有这么二。

他所说的心的感觉，是一种体验的可能，也就是说，事物的存在，你必须先承认在某种条件、某种情形之下，有被你体验的可能，或体验它所产生的某种直接、间接作用的可能。假设那个某某人在深夜觥筹交错之后，坐着自己的大奔驰公车，路过一处僻静之所在，只听茂林修竹之间有人呼喊，救命啊！非礼啊！某某人出于好奇之心，打开车窗遥望远方，正看到暴力一幕。虽说这某某人，可能会扬长而去。但是，这某某人的的确确有可能会遇到这样的场景，这就是体验的可能。

但，阳明先生又说了，如果某事物在任何假设之下，都不能被你体验，或被你体验到它们的作用，那么，对不起，你还凭什么说它们存在呢？

没有体验的可能，就无所谓存在。

事物存在的意义,与可体验的意义不能脱离;事物不能离开你的心而存在,心外无物。

体验就像一根红线,这边拴着心,那边拴着物,心物相连,全是靠得体验。

不光如此,心不光指导存在,还是一切的根源,一切的道理,一切的一,一的一切!

心即理,阳明先生如是说。

理,不需证明的公理,如同两点之间线段最短一样。

内心的强大,才是真正的强大

实用主义者又会冲出来问,心即是理,放到现在,有什么用啊有什么用?

以阳明先生的观点来看,我该让大家自己用心去体会。

伟大的智者刘勰说过:"方其搦翰,气倍辞前,暨乎篇成,半折心始。何则?意翻空而易奇,言征实而难巧也。"

是的,言征实而难巧,任何语言和文字的解释与心灵的感悟比起来,都是蹩脚的,苍白无力的。但是,每个人必须要解释和诉说,因为媒介是必须的。

同样,关于阳明心学,人们还在不停地诉说着,不宣传他人又怎会知道呢。

在充斥着唯物论的世界里,谁在意阳明心学,谁又懂得心即理?

然而,谁懂得了,谁就会像得到了一柄利剑一样,于荆棘丛生的世界中,所向披靡。

因为,内心的强大,才是真正的强大。

当所有人的目光都被外物遮蔽,当所有人的身体都在物欲的世界中游荡,只有你,停下来,倾听一下来自内心的声音,那么,你就会成为王者。

在学业上,由于我们还不会倾听内心的声音,所以盲目地选择了别人为我们选定的,他们认为最有潜力与前景的专业;在事业上,我们故意不去关注内心的声音,在一哄而起的热潮中,我们也去选择那些最为众人看好的热门职业;在爱情上,我们常因外界的作用扭曲了内心的声音,因经济、地位等非爱情因素而错误地选择了爱情对象……

现代人在习惯性地唯物地精打细算中,权衡着可能有的各种收益与损失,但是,在注重每一件外物的同时,我们悄然失去了最重要的东西。

五百年前的王阳明告诉我们,心即理!

我们就像当年的阳明一样,费尽心力格竹穷理,最后只能落得身心俱疲,空手而归。

因为,我们太注重外物的是非与得失,我们唯一忽视的是自己内心的声音。

难道,是与非、得与失,真的那么重要吗?

你会反驳,当然重要!

站在行色匆匆地奔波于人潮涌动的街头,几人不能迷失?几人又能找到一个可以冷静驻足的理由和机会。现代社会在追求效率和速度的同时,我们作为渺小的个体只是在跟着速度匆匆行进。而内心的声音,便在这种繁忙与喧嚣中被淹没了。

但是,机械性地运动只能得到千篇一律的结果。

而此刻,读懂了王阳明,我明白,只有听从自己的内心,才能得到不一样的结果。

我要冲破这都市喧嚣的束缚,倾听自己的真正愿望!

内心的声音在诉说什么呢?它始终如一提醒我的,才是我内心最真实、最持久的愿望和要求。我到底想得到什么?我最关注、最在乎的东西是个什么?内心的声音都在以一种默默的坚持提醒着我。

善于倾听永远是一种做人的美德。

在这个世界上,有人习惯听从来自外界的声音,而从这一刻起,我决定倾听自己内心的声音。

去他的学历文凭!

去他的工作业绩!

去他的房子车子!

去他的……

我只想有一个自由的空间,面朝大海,春暖花开。

唯心唯物?

心即理,由此推衍而来,心才是这个世界的评判标准。

李敖写过一本书《北京法源寺》,其中有一章叫"寂寞余花",写清末大儒康有为和法源寺和尚的一段对话。话题是唐太宗为征战朝鲜的死亡将士修建悯忠寺(法源寺的前身)究竟是不是一种善行。

康有为举例说:"唐太宗杀了他弟弟元吉,又霸占了弟媳妇杨氏。后来,他把弟弟追封为巢刺王,把杨氏封为巢刺王妃。但是,他把他跟弟媳妇所生的儿子出继给死去的弟弟,而把他弟弟所生的五个儿子统统杀掉了。"因此,他怀疑唐太宗盖悯忠寺是一种伪善。

和尚解释说:"判定善的真伪,要从他做出来的看。做出来的是善,我们就与人为善,认为那是善;如果他没做,只是想着要去行善,嘴里说着要去行善,但是没结果,我们认为这个说法不算数,最终还是不能叫善。我认为唐太宗做了,不管是因为后悔以后做的、还是为了女人寡妇做的、还是为了收揽民心做的,不管是什么理由,结果是:他做了。你就很难说他是伪善。只能说他动机复杂、纯度不够而已。"

嗯,这的确是个伟大的唯物主义和尚。

但康有为不觉得他伟大,康进而辩驳道:"我所了解的善,跟法师不一样。谈到一个人的善,要追问到他本来的心迹,要看他心迹是不是为善。存心善,才算善,哪怕是转出恶果,仍旧无损于他的善行;相反的,存心恶,便算恶,尽管转出善果,仍旧不能不说是伪善……"

和尚则说:"你口口声声要问一个人本来的心迹,你的悬格太高了,人是多么复杂的动物,人的心迹,不是非善即恶的。事实上,它是善恶混合的、善恶共处的,有好的、有坏的、有明的、有暗的、有高的、有低的、有为人的、有为我的。

而这些好坏明暗高低人我的对立，在一个人心迹里，也不一定是对立状态，而是混成一团状态，连他自己也弄不太清楚。我的办法是回过头来，以做出来的为标准，来知人论世、来以实践检验真理。……所以我才说，唐太宗肯盖这个悯忠寺，是种善因。"

唯物主义和尚就差说"实践是检验真理的唯一标准"了。

可是，唯心主义哲学家王阳明却不知区分唯心唯物这回事。要说近似的，便是古人所讲的论心还是论迹。康圣人显然是承继了王圣人的衣钵，高举唯心主义的反动旗帜，认为心才是评判万事万物的唯一标准。

那么到底如何呢，我前面也说了，哲学本来就是本糊涂账，从古至今，哲人们互相掐架，将来还要继续掐下去，或许永远也不会有个结果。

而像我这种根本没有资格也没有能力下结论的人，只好安分守己地述而不作了。

古人说："百善孝为先，论心不论迹，论迹古今无孝子；万恶淫为首，论迹不论心，论心天下无完人！"

如果万事以心论之，警察叔叔就得忙死，哪个人心动了一下邪念，抓！

如果万事以迹论之，便应了那句话，有奶便是娘，哪管他真情假意。

看见没，世界就是一摊泥，越和越糊涂，越和也越和谐。

哲学家王阳明却不是这样想的，他确信自己找到了世界的本原。

他从石椁中坐起，长啸一声，圣人之道，吾性自足，向之求理于事物者误也。

错了，二程错了，朱熹错了，理学错了，我才是儒家的正统，我才是孔孟的传人！

孟夫子本讲人性本善，你朱熹又怎能从外物格来天理，怎能忽略了人的内心的强大力量，人心本善，何必妄求于世间万物，人心本善，人心才是道德评判的唯一标准。人心就是天理。

仆从闻声赶来，见阳明已是大汗淋漓，但精神却异常振奋，目光中尽扫往日阴霾，整个人仿佛脱胎换骨一般。

贵阳讲学

没过多久,不远处的一个人闻风而至,心有灵犀一般。这个人是贵州提学副使(贵州省教育厅副厅长)席书。

席书是个典型的知识分子,弘治三年进士。弘治五年,他赴山东任郯县知县。

郯县是著名的贫困县,地广人稀,旱涝不断,民多困苦。席书到任后,不烧三把火,不给下马威,而是踏踏实实地干起实事来,安抚百姓,开发农田,大兴水利,兴教化,办学校,育人才。

席书是物质精神两手抓,数年之后,郯地一派清平气象,不光GDP一下子翻了好几番,犯罪率也连降几个点,和谐得不得了。以至于在席知县任期结束之时,郯地的人们哭爹喊娘抱大腿,就是不让他走,无奈朝有政令,不走不可。最后人们只得给席大人立祠树碑作纪念。

这么一个好官,应该留在沿海开放城市主抓经济建设啊,为什么被派到蛮夷之地来管教育呢?

弘治十六年,云南发生严重地震,朝廷命侍郎樊莹前去视察。

樊莹视察后,一不抓灾后重建,二不抓稳定人心,而是急急地上表请罢免云南监司以下官员三百余人。这个行为在今天的定性应该是没事找抽型。

时任户部员外郎的席书就很想抽他。

他上书申说弊政当除,责在朝廷,不在云南地方官吏。灾异的警报从云南传来,想以远方外吏承担责任,不揭发皇亲国戚大臣,这是舍本而治末。席书乃请孝宗革除弊政。

席书算是命好的,要碰上个二百五皇帝,准得挨板子了。

虽没挨板子,但孝宗也没搭理席书,朝廷关系错综复杂,皇帝也难做啊,该沉默就得沉默。

席书一看没人搭理,自己就下定了到蛮夷之地开荒的决心。

武宗继位后,席书调任贵州提学副使,他想着广阔天地,大有作为,我要在那蛮夷之地遍种文明之花。

信心满满的席书到了贵州不多日,就有些傻眼了。天地是无限广阔,作为却无的放矢。为什么,没钱啊!百姓糊口钱粮,哪里来的余资办学呢。再说了,即使有钱也没有人,人家哪个特级教师愿意到这穷乡僻壤来奉献青春呢,即使这里有良田千顷、广厦万间,也不如在北京住地下室舒服啊!

正在席书一筹莫展之际,他听到了王阳明这个名字。狂喜之下,他不顾等级尊卑飞驰龙场驿,去抓这根最后的救命稻草。

当初在京城时,席书便听说过阳明的学问和人品,现在又听说阳明对于程朱之学颇有微词,因此,一见面,席书便向阳明请教朱陆异同,一则为自己解惑,一则也考察一下阳明先生的学问见地。

没想到阳明绝口不谈朱陆异同,却跟席同学大侃起了"心即理",告诉他,圣人之道,吾性自足,不必外求。

席书听了,也蒙了,难道我十年寒窗一朝登科,学的净是些没用的东西?

回到家,席同学在床上辗转反侧,寤寐思服。第二天起个大早,又去会王阳明了。

阳明还是不谈朱陆,又讲起了知行合一。阳明讲得口干舌燥,席书听得殚精竭虑。如此这样往还了几天,席书终于悟了,他越发感觉到,阳明这根救命稻草是金子做的,光芒万丈。

于是,席书联合了毛应奎,对王阳明的龙岗书院又作了翻修。待书院修缮一新后,席、毛二人便率贵阳城中的求学者蜂拥而至,终日聆听先生教诲,并以师礼事之,莫敢迟疑。

蛮荒之地的人其实是更好教化的。

譬如现在人们学驾驶,驾校的老师最喜欢教的是那些从没碰过方向盘的小同学,而最头疼的就是那些从小学就会开手扶拖拉机的有志青年。原因很简单,一张白纸,画什么有什么;要是他什么都一知半解,再加上一点小自信,老师说什么他也听不进去,最后老师恨不得要拉这种人去洗脑呢。

贵州的求学者们干净得像一张白纸，阳明的教化如甘泉一般润泽着他们的心灵。如饥似渴，如醉如痴。

知行合一

王阳明在观念上，总是跟程朱理学对着干。

因为思想史本来就是一部纠偏史，你方唱罢我登场，我就要拿出自己的观点来驳倒前人的学说。倒不是思想家都是一个个气包子，因为任何一种思想都会有一个由新而旧的过程，时代变了，提出那种思想的人早已作古，他不会从坟墓里蹦出来对自己的学说加以修正，与时俱进，因此，结果只有一个，他的思想也要随之作古了。

此时，一个新的思想跳了出来，与那行将作古的思想背道而驰，引得无数潮人跟风追捧。根本则在于，一时代需一时代之思想，各领风骚数百年。

阳明心学的时代来临了。

心学，就是研究心的学问。

我这个解释真是够二的，我该去吃点脑残片了。

可是，我不知道阳明先生以其一生来诠释的东西，究竟怎样用几个字就能表达清楚。

概括来说，心学的主要观点包括阳明于龙场悟道所得的"心即理"，也包括此时在贵州讲学中提出的"知行合一"。

知行合一，其实也是阳明为矫正程朱之学提出的观点。

在阳明看来，程朱将"知"和"行"打成了两截，尤其是朱熹，总是强调要重视"格物"，重视对外界知识的索求，于是，就把《中庸》里的"博学之"和"笃行之"分开了，结果就是，知是一端，行是另一端，什么事必须先有知，而后才能行。

这样的弊端在哪呢，想想我们脑海里道学家们整天摇头晃脑，引经据典的酸腐形象就知道了。程朱之学从一开始就把"道学问"看得过重，而且把"格物"当成一种外在的"知",给予无限的重视,而内在的"尊德性"却是后话,于是格物致知当中的"致知"这种内在的"思"也就很自然的被悬置起来,不被关注。

阳明说,本来儒家是讲道德修养的,你朱熹整天号召学子们去格物,那内心的修炼怎么办呢？我才是承继了儒家的正宗衣钵,你程朱的都是伪儒学。

这里,我们要注意,阳明之心学显然不同于先秦孔孟之儒学,阳明不过是找到一个依附的势力,树大好乘凉,有个好出身,才能前途无限嘛!

光有个好出身也是不够的,关键得有真本事。

"知"和"行",今天的话讲,就是学习和实践,本来就是两件事嘛,怎么能合一呢？

阳明的智慧正在于他总是玩一种釜底抽薪的游戏。

他说,首先你要承认心即理,不然那就不用谈了。然后,再看看格物,这件事其实并不是天天跟这些个鸡毛蒜皮过不去,格物的主要目的也是在追求心灵的澄净。此话怎讲？

因为获取知识的耳目口鼻四肢,这些器官都是由心灵控制的,身心实为一体,"无心则无身,无身则无心",以反动的主观唯心主义学说理解,一切外在的现象世界都是内在心灵的萌动和呈现,所有的知识也罢、感受也罢,归根结底都是为了确立这个纯明澄净的心灵。

而确立这个纯明澄净的心灵,也就等于获得了真知,所以博学是使人心灵时时事事存天理,笃行就是不断地学习这种存天理,既然人的知与行其实都在一念之中,那么良知发动,就是知也是行。

说到这些,阳明又将矛头直指繁复的程朱格物之说,一草一木都要格,什么时候才能格得完。因此,这些事是不必做的,只要心灵纯正,感觉自然会纯正,感觉纯正,行为也当然会符合社会道德伦理的原则。反过来,如果没有内在的良知萌生和发动,那么所谓知识也就不是真正属于心灵的知识,"一念动处,便是知,亦便是行",因为心和理本来就是一个"唯一",当一切都只是内在心灵的呈现和凸显时,所谓"知"与"行"就不再是两截了。

它们都是内心寻找良知,趋向澄明境界的过程。

如果我们没有上过高中的政治课，可能更好理解阳明的理论。但是，我们已经习惯了拿一根稻草来都要分出唯心唯物的思维模式，阳明这样把知行合二为一，在今人看来，实在匪夷所思。

而阳明那个时代的人，习惯了朱熹的格物，也会纳闷起来。

阳明的高徒徐爱就问："如今人已知父当孝、兄当悌矣，乃不能孝悌，知与行分明是两件事。"是呀，谁都知道应该具有崇高的理想和高尚的人格，可不是谁都能做到啊，知行不是分离的吗？

阳明说，那是因为人们已经被私欲隔断了，不能达到知行的本体了。

私欲是什么？

某些妄想症患者听到阳明的心学，肯定高兴得不得了，我的心就是理，哦耶！我现在就想不用上班有人定期给我送钞票，左手揽娇妻，右手抱二奶，坐在宝马里，跟司机说一声，走，买前门楼子去！我的心就是这样想的，真理耶！

狗屁真理，这是你的本然之心被私欲蒙蔽的结果，王阳明对于妄想症患者，一定会这样教导。

这个本然之心，就是阳明所说知行的本体。

这里还要插播一件事，就是阳明对于孟子，无论是孟夫子的学说，还是为人，都是心有戚戚焉的。在性善论的问题上，阳明就主动向孟夫子看齐。他认为，无论是圣人还是痴儿，无论是妄想症患者，还是普通青年、文艺青年或者二逼青年，他们的本然之心都是一样的。

人不必学习就具有的能力，是良能；不必思考而具有的知识，是良知。人从小就知道爱自己的亲人，长大后，也无不知道尊敬自己的兄长。所有天下美好的情操，"恻隐"、"羞恶"、"辞让"、"是非"等等都是良知良能，这些都是天生的。

如此看来，世界真美好啊！

可是，这只是天生的良知良能，王阳明叫它"本然之知"。

然而，世事沧桑，物欲横流，本然之知被欲望的洪流无情地蒙蔽了。人们看到窗外的怡红快绿，心里就痒痒起来。于是，便干出了打家劫舍、男盗女娼、拐卖妇女儿童、非法运营校车、欠缴手机费用、破坏社会安定团结等无耻勾当。

因此，这些被蒙蔽的行为不是真正的"行"，只有与本然之心相契合的行才是真正的"行"。

阳明又苦口婆心地对徐爱讲，我如今提出"知行合一"主张，正是针对过往那些只知不行，满口仁义道德，私下却男盗女娼的人们，让所有人都懂得，只知不行根本就不算知，因知行合一，行正了才算得你已知了。

其实，知行合一这事还是很好理解的。

比如一个贪官，贪了几百几千万，突然有一天，觉得力不从心了，自己贪不动了，又想想，这么多钱，够建多少希望小学，够买多少辆校车啊。如果只是心里想想，实际上还照贪不误，那么，肯定没有人会脑残地认为他明白道理了，是个好官了。关键是要看他的行。

为善去恶，才能知行合一。贪官终于采取行动了，他在某年某月的某一天，独自落寞地走入了检察院的大门，当然，检察院的贪官，只要不出大门，拐个弯就到了。

自首，然后在铁窗中度过若干年的光辉岁月，嗯，这就是知行合一了。

新闻播音员会激动地说道，他终于自首了，他的自首让我们看到了他良心未泯，他已经知道自己的错误了，再次，我们要热烈地祝贺他，终于知行合一了。

如果在服刑期间，他还能够心系群众疾苦，把检察院没找到的那些藏在马桶木箱里的钞票都上交政府，并嘱托公务人员，一定要把钱用到群众最最需要的地方，那么，就进一步实践了"知行合一"，他的本然之知，已经觉悟了，登上了一个新台阶，已经成为了"明觉之知"。这个明觉之知还是后话。

总之，阳明认为，只有为善去恶，去除欲望的遮蔽，按照自己的本心去做，才算是真正的知，真正的行。知行合一，正当作此解也。

哲学高于生活，这点阳明比谁都清楚。

那阳明为什么要拈出知行合一这样的准则来苦口婆心地劝诫他人？作为儒者的他难道看不到理想和现实的差距，难道看不到，世风日下，人心不古，并非是二程和朱熹所为,实在是物欲横流,浮云蔽日,说一套做一套,知一套行一套,这才是朗朗乾坤的真相。

奸臣当道,宦官专权,大明的朝堂,就如同龙场一样瘴气弥漫,让人喘息不得。

阳明何尝不知。然而,作为一个承继儒家一点骨血的士人,一个以成圣为目标的儒者,他感到教化人心这件事,责无旁贷。

知其不可而为之,这才是真正的崇高。

《瘗旅文》

《瘗旅文》

这天,一个来自京师的吏目,带着一仆一子途径龙场,投宿在附近的苗家,准备去远方赴任。

可是,第二天中午,三人启程要继续赶路时,吏目却突然死了。吏目的儿子守在父亲尸体旁边又悲又急,无可奈何,到了傍晚也挂了。第三天,有人回报阳明说,发现吏目的仆人也死在了山坡下面,全军覆没,无一幸免。

其实,这事也并不离奇,想来大概是三人都得了恶性传染病吧。

王阳明得知后倍感忧伤,命两名仆人去将三具尸体掩埋。

仆人对主人交给的处理死尸的这项工作百般推辞,面露难色。

阳明感慨道:"你我三人,和吏目三人其实没什么区别啊!"

两个仆人想了想,不禁潸然泪下,转身出门,去掩埋尸体。

阳明感同身受,触景生情,便提笔写下了感人肺腑的千古名篇《瘗旅文》。

瘗,音同"义",意为"埋葬"。

维正德四年秋月三日,有吏目云自京来者,不知其名氏,携一子一仆,将之任,过龙场,投宿土苗家。予从篱落间望见之,阴雨昏黑,欲就问讯北来事,不果。明早,遣人觇(查探)之,已行矣(已经离开了)。薄午(将近中午),有人自蜈蚣坡来,云:"一老人死坡下,傍两人哭之哀。"予曰:"此必吏目死矣。伤哉!"薄暮,复有人来云:"坡下死者二人,傍一人坐叹。"询其状,则其子又死矣。明日,复有人来云:"见坡下积尸三焉。"则其仆又死矣。呜呼伤哉!

念其暴骨无主,将二童子持畚、锸(挖运泥土的器具)往瘗之,二童子有难色然。予曰:"嘻!吾与尔犹彼也。"二童悯然涕下,请往。就其傍山麓为三坎,埋之。又以只鸡、饭三盂(盛物的容器),嗟吁涕洟(鼻涕眼泪)而告之曰:"呜呼伤哉!繄(这是)何人?繄何人?吾龙场驿丞余姚王守仁也。吾与尔皆中土之产,吾不知尔郡邑(你的家乡),尔乌为乎(为什么)来为兹山之鬼乎?古者重去其乡(不轻易离开家乡),游宦不逾千里。吾以窜逐而来此,宜也。尔亦何辜乎(我是因为流放才来此地,理所应当。你又有什么罪过而非来不可呢)?闻尔官吏目耳,俸不能五斗,尔率妻子躬耕可有也,胡为乎以五斗而易尔七尺之躯?又不足,而益以尔子与仆乎?呜呼伤哉!尔诚恋兹五斗而来,则宜欣然就道,乌为乎吾昨望见尔容,戚然(忧愁)盖不胜其忧者?夫冲冒霜露,扳援崖壁,行万峰之顶,饥渴劳顿,筋骨疲惫,而又瘴疠侵其外,忧郁攻其中,其能以无死乎(长途跋涉,劳心劳力,如何能够免于一死)?吾固知尔之必死,然不谓若是其速,又不谓尔子、尔仆,亦遽然奄忽也。皆尔自取,谓之何哉?"

吾念尔三骨之无依而来瘗耳,乃使吾有无穷之怆(悲伤)也。呜呼伤哉! 纵不尔瘗(即使我不埋你),幽崖之狐成群,阴壑之虺如车轮,亦必能葬尔于腹,不致久暴尔。尔既已无知,然吾何能为心乎(你虽已无知觉,我却无法安心)? 自吾去父母乡国而来此,三年矣;历瘴毒而苟能自全,以吾未尝一日之戚戚也。今悲伤若此,是吾为尔者重,而自为者轻也,吾不宜复为尔悲矣。(今天忽然如此悲伤,是因为你的缘故)

文学欣赏绝不是语文课上的一、二、三、四,一修辞手法,二表达方式,三思想感情,四中心主旨。文学是最需要用心去体悟的东西,如果说出了条条框框,那还何谈艺术。

古代汉语也是一种神奇的语言,只言片语,则意蕴无穷。不似现在人,说了许多废话,也不能让人明白他到底是什么意思,又何谈情感呢。或许是因为现代汉语只有这不到百年的短暂年龄,而古代汉语,已是一位历经千年沧桑早就成了精的前辈了。

对于这位成了精的前辈,我们除了致敬还能做什么呢? 对于《瘗旅文》这样一篇惊心动魄,一字千金的文章,我们只有述而不作,才能跟阳明的内心贴近一些。

是的,对于我们充满了敬意的那些古典的事物,述而不作或许是最好的方式了。

第七章

峰回路转，柳暗花明

庐陵特产

正德五年初，一道吏部的公文下到贵州，擢阳明为江西吉安府庐陵县知县。

本以为如圣人一样安贫乐道，了此余生的王阳明看着这张升迁通知书直发呆，是天佑？还是人为？

老天只管下雨刮风，世人才管升官发财换乌纱。

阳明不知道，在京城里的一拨铁杆朋友这几年在私底下也没少动作，把关系一直拖到了吏部尚书杨一清那里，这才使阳明的仕途有了转机。

当然，光靠找门路托关系是不行的，在矛盾论的指导下，湛若水他们几个人巧妙地利用了杨一清和刘瑾的矛盾关系，才办成了大事。

二月间，阳明终于告别了这个足以让他刻骨铭心的龙场，一叶扁舟别过，再无相思。

此时，冀元亨等几个湖广籍的学生已经齐聚湖南辰州，等待着与老师一起去闯世界，共同开创美好未来。怎奈造化弄人，前方等待着冀元亨的却是苦海无边。

暮春三月，江南草长。杂花生树，群莺乱飞。

王阳明行走在庐陵的大街上，如同吃了排毒养颜胶囊一样，身心顺畅。云贵之地的无边瘴气怎比得江南温润的水南风。

外地人一旦到了某个地方，都要先打听一下当地的特产，要是不给亲戚朋友带回点特产，那真是大逆不道啊，不然怎么叫"不到长城非好汉，不吃烤鸭真遗憾"呢。

庐陵的特产是什么？说出来真是惊世骇俗——状元！厉害吧？庐陵人号称"隔河两宰相，五里三状元"，还真不是瞎吹，从古到今一个小小的庐陵出了二十几个状元，小进士们就更别说了。

这个特产，王阳明是有所耳闻的。然而，当他怀着仰慕的心情来到庐陵时，却发现庐陵的最大特产并非状元，而是——官司。

庐陵人实在太爱打官司了，或许是由于智商过高且精力过盛，又爱凑个热闹，人们有事没事就往县衙跑，今天你偷了我家鸡，明天他打了我家狗，再不成还有人管闲事，说大人啊，隔壁吴老二的手机又欠费停机了，这么大的事你到底管不管啊？

几任地方长官都因积劳成疾，相继住进了精神病院。

有个叫许聪的，曾任吉安知府。他在给中央政府的文件中说，这个地方的老百姓除了种地之外，唯一的爱好就是打官司。我现在累得吐血，每天从早到晚要接到近1000起诉讼，我每天晚上加班到凌晨都处理不完。我逮捕了很多生事者，可是监狱太小，容纳不下。想放掉一些刁民，他们却因为这里有吃有喝而赖着不走，搞得我现在是头昏脑胀。希望中央政府可以给予我"便宜行事"的权力。

所谓便宜行事，就是自己想怎样就怎样。

政府还没表态呢，下面的人就坐不住了，有人越级上访，把官司打到京城，许聪连精神病院都没去成，就被论罪下狱了。

刚离开龙场的王阳明当然不愿去住精神病院,他下决心要跟庐陵人斗一斗。

先礼后兵,他首先向吉安知府和江西布政使提交了一封《庐陵县为乞蠲免以苏民困事》,请求上面减免庐陵的沉重赋税,并承诺自己可以解决好庐陵县民乱告状的问题。

地方长官也明白王阳明这是在做交换,于是便很爽快地答应了。说是重税,谁又敢找这帮刁民去收呢,不过是空头支票罢了,把本来没有的事情免了,这个顺水人情,当然该做。况且王阳明也不是一般的人,有北京户口,官二代出身,我们这小门小户的,还是和气生财吧。

这个世界就是个balance。

在贵州的时候,苗民倒好相处,只是官员不好对付。而到了庐陵,阳明发现乾坤倒转了,官员们一个个有似病猫,底层的人民倒成了大老虎。

县衙如同菜市场一样热闹,办事的小吏们一个个低声呵气,人们拿着状子在公堂之上大呼小叫,义愤填膺,这样的情景,都把王阳明和他的学生们惊呆了。

因为阳明请求减免重税的事,告状的人们对他还算和善,但也丝毫没有畏惧之意,阳明心想,一定要想想个办法杀一杀这乱告状的风气。

阳明有个杀手锏——文章。

当初在龙场,他的几封书信文章曾平息过多少是是非非。

于是,庐陵的城中连续贴出了几张县太爷的告示。

晓之以理,动之以情。

阳明的一张告示中写道:庐陵县自古就是出文人的礼仪之县,现在却变成了讼棍的乐园,我真为你们感到羞耻。本县身体不好,反应也没你们快,所以跟你们约定好,今后除了人命关天、非讼不可的大事,不要动不动就跑来告状,一般纠纷去找"里老"解决。讼书也要有个规范,字数不能超过六十,讲清事实即可,不要扯东扯西,表达欲望确实强烈的,可以考虑去当网络写手。从今往后,再有瞎告一气的,本县从重处罚决不姑息。话说回来,我这也是为你们谋划,到底是因为一时之怒与人争讼,破败其家,遗祸子孙好呢,还是大家伙踏实务农,安居乐业,其乐融融好?你们好好考虑考虑吧。

对于耍流氓的,你得比他更流氓。对于玩文化的,你要比他更懂文化。

庐陵之地,之所以讼风日盛,是因为人们都懂点文化,闲来无事搞些文字游戏,来愚弄一下他们眼中愚蠢的官吏们。

文章千古事,得失寸心知。

阳明的文章一出,大家都傻眼了,原来这才叫有文化。服了,真服了。

再加上阳明和学生们商讨实施了许多抚政安民的措施,没有几个月功夫,庐陵的面貌有了彻底的改观。

阳明的方法总是能釜底抽薪,击中要害。为何?他懂得心即理,解决问题,就要直指人心。

当庐陵原先的官员们都一个个从精神病院中康复出院的时候,阳明的任务也完成了。庐陵的舞台太小,本就不适合这个圣人。

刘瑾凌迟了

此时,从京城传来了一个振奋人心的消息,刘瑾被凌迟处死。

明正德五年(1510年)8月25日,权倾一时的大太监刘瑾因涉嫌造反被凌迟处死。

凌迟,按大明律法,凌迟者须剐3357刀,一刀剐下一片肉,刀刀不得触及要害。三日之内,犯人血肉模糊,渐渐不成人形,但不得咽气。据说,还有更变态的,就是每日给凌迟者喝大补之汤,让他延年益寿,坚持到最后一刻。

刘瑾的下场尤其惨,人生这个平衡公式又来了,欠多少,到死都得还清。因为是公开行刑,围观者甚众。观刑也就罢了,还有许多人携金带银的,为的是换取剐下的一片皮肉,好带回家奉于逝者的灵前。算算明政府这次行刑的收入,就知道刘瑾害过多少人了。

是谁干出了这等为民除害的丰功伟绩,这话就长了。

先是宁夏、甘肃一代的藩王安化王朱寘鐇造反了,朝廷就派右都御史杨一清任讨伐军总司令,跟"八虎"之一的宦官张永一起,带着兵去剿匪。

没想到俩人只是公费旅游了一回,不费一兵一卒就打道回府了。原来是宁夏游击将军仇钺领着百余名社会闲杂人员乘城中空虚,入安化府活捉了安化王。

杨一清和张永带着枸杞大枣和被俘的安化王走在回京的路上,俩人都感觉有点不爽,被仇钺抢了功,面子有点不好看。

有点郁闷的心情倒使杨、张二人比来时更加情投意合了。杨一清知道张永虽然是"八虎"之一,但刘瑾却截然不同,平日行事不甚张扬,而且还有一点,就是张永与刘瑾在权力分配上有着不可调和的矛盾。

大凡有些见识的人,都能灵活地运用马克思主义矛盾论。

杨一清先说官话:"现在外患已除,内患却不知道什么时候才能除。"言外之意是,这次我俩无功而返,还能找些什么做弥补吗?

张永明知故问道:"四海升平,宫中和谐,什么内患?"

杨一清在手掌上写了一个"瑾"字。张永不做声了。

杨一清用手指假装数数:"该有五年了吧?公公这五年过得可好?"

张永叹道:"此人日夜在皇上身边,他的耳目无处不在啊。"

杨一清认为这是实情,回道:"您也是皇上的亲信,让您来讨贼就是证明。现在我们大捷而归,正好乘机揭发刘瑾这人渣,他现在搞得天怒人怨,如果找准机会,向上陈说,皇上必定听信,杀了刘瑾,您的地位……"

张永站起来,表达决心:"啊呀呀!老奴何惜余年不以报主哉!"

激动之余,张永又反应过来一些事情,说:"这么多年,多少人想搞掉刘瑾,没有一个成功的,凭你我二人之力,何如?"

杨一清卖了个关子,拍拍张永的肩膀说:"公公放心,一切皆有可能,因为一切尽在掌握!"

8月11日晚,正德皇帝为平叛大胜设宴,席上,张永献上朱寘鐇申讨刘瑾的檄文,并揭露刘瑾17件违法之事。这时,朱小朋友已有几分醉意,便点头说:"刘瑾负我。"

张永连忙说:"这事不可迟缓。"催促皇上快办,并说:"望陛下可怜奴才,奴才今天上言得罪刘瑾,不敢离开这里一步,否则就再也见不到陛下了。况且刘瑾得了天下的话,陛下将置身于何地呢?"一旁的大太监马永成等也从旁煽风点火。

于是正德帝下令逮捕刘瑾,并令张永执行。张永不敢稍有怠慢,率禁军快马加鞭直奔刘宅,一举将刘瑾逮捕。

次日正德皇帝上朝,诏示群臣,"朕已经把刘瑾给抓了,你们狂欢吧!"

群臣闻讯,都手舞足蹈地回家炖肉吃捞面去了。

可是,事情却没有这么简单,因为正德皇帝根本就不想置刘瑾于死地。

他随后降旨将刘瑾贬谪到凤阳看守祖陵。此时恰逢刘瑾从狱中向正德帝上帖,说他被抓捕之时,赤身无衣,乞求武宗恩赐旧衣以蔽体。正德帝见帖,想起往日的许多快乐,顿生怜悯之情,忙命人置办了一百件精品男装给刘瑾送去。

张永见状,觉得苗头实在不对,就赶紧找杨一清商议。此时,杨一清也觉得是时候了,该出手了。于是,他令科道言官弹劾刘瑾,历数其九宗大罪,除了弄权误国、打击异己和贪赃枉法外,他特别强调从刘瑾府中搜出私制玉玺一方,衮袍八件,盔甲无数,还发现他平日常用的扇子里藏有锋利的匕首。

面对铁证如山,朱厚熜这才如梦初醒,勃然大怒说:"这个奴才果真想造反!"于是下令将之凌迟处死。

数日后,刘瑾的心腹60余人全部被捕,其中内阁大学士3人,北京及南京六部尚书9人、侍郎12人,都察院19人,大理寺4人,翰林院4人,通政司3人,太常寺2人,尚宝司2人,等等。这些人或被诛杀,或被下狱,或被贬谪,或被罢黜,几天内便被清除殆尽,朝堂几乎为之一空。刘瑾的家人共有15人被斩首,妇女皆发配浣衣局充当女工。

权倾一时的刘瑾,就这样倒台了。是的,就这么简单。

这么麻利干脆的锄奸过程,真是让文武百官们有些感叹,幸福来得如此的快！

这还要归功于一个人——朱元璋！

正是这个集权主义的疯子打下了明代政治皇权之上的基础，才使得有明一代，无论是庙堂之高，还是江湖之远，永远是一个声音最重要，那就是皇帝的声音。

是的，皇帝一声令下，刘瑾全家玩完！

这种情况在汉唐两代是无法想象的。尤其是在唐代中后期，皇帝已完全沦为宦官的宦官了。唐代宦官专权期间十个皇帝（不含德宗）为宦官所立的有7位（穆宗、文宗、武宗、宣宗、懿宗、僖宗、昭宗），为宦官所杀害的有4位（顺宗、宪宗、敬宗、文宗），昭宗还曾为宦官所囚禁。宦官完全可以做到只手遮天。

而明代的宦官，完全是依靠皇帝生存发展的。朱厚照这样懒得当皇帝的皇帝给了刘瑾无限发挥的人生机遇，然而，只是因为皇帝喝了点小酒，就晕头转向地把他抓起来，以至凌迟处死。真是生也皇权，死也皇权，成也皇权，败也皇权啊！

回京

对于刘瑾的倒台，阳明虽不像其他人那样欢呼雀跃，但心中的喜悦也常常溢于言表。他和所有普通人一样盼望着四海清平、国富家宁，盼望着自己的人生能峰回路转，也盼望着自己的学说能滋润久已干涸的士人的内心。

果然，王阳明的仕途井喷了。

升职的文书一道道扑面而来，王阳明都感到有些晕了。先是南京刑部四川司主事，而后吏部验封司主事、吏部文选司员外郎、吏部考功司郎中，短短几个月时间，阳明从一个小小的庐陵知县，一跃成为了朝廷要员，正厅级高官，连升了何止三级。

北京，这座让人欢喜让人忧的城市。

王阳明又回来了。

与湛若水等老友重逢,阳明百感交集。想当日长亭送别,疏忽五载,你我都老了。

湛若水说,且慢,阴霾已过,乾坤朗朗,你又连升数级,官运亨通,为何还是整天愁眉苦脸,难道你还有什么额外的要求没有满足吗?

正是啊!阳明大呼,仕途富贵,皆若浮云,惟道德文章,才能千古流传。

OK!湛若水立刻明白了阳明的意思,忙不迭地去组建培训学校了。

没过多久,阳明培训中心在北京大兴隆寺挂牌成立了。

中心开业不久,就迎来了两个砸场子的。

大概是湛若水一介文士出身,不懂做生意要打点上下之道?不是的,公务员自己办的培训中心,还用得着打点谁呢?

这两个砸场子的,是一门心思真为学问而来——古人就是纯情啊!

一个叫徐成之,一个叫王舆庵。徐同学尊朱,王同学敬陆,俩人私下里早就吵得昏天黑地了,这下听说王阳明来京城讲学了,又一路吵着去找王先生评理。

朱陆异同,我们前面讲了,这话一开腔,就得说个上百年的事,所以,对于这俩人,王阳明也很是头疼。心说,这两个二百五,难道不晓得我的心学就是上承陆公之心学一派的?地球人都知道,我打心眼里看不上程朱之理学。你俩明知故问是不是,找抽啊!

于是,王阳明一脸和气地告诉这俩人,二位兄台啊,千万别因为学问之事伤了和气,生气影响身体健康,再说我们这里是私人单位,不上保险,你俩要是真的气病了,医药费也不能报销啊!

谁知俩人根本不吃这一套,特别是徐成之,竟然吵得胸闷气短,把矛头指向了王阳明。世人都是朱而非陆,你不表明立场,难道是要赞成陆学,做反动学术权威吗!?

上升到了政治高度,王阳明不得不屈服于革命小将的淫威了。我承认,朱熹的学说被推崇了这么多年,是对的;但陆九渊的学说被压抑了这么多年,却是不对的。

作为一个学术至上的人,王阳明委婉地承认了自己的观点——是陆而非朱。他难道不知道,在大明朝的政治文化中心,此言一出,会引来多么强烈的疾风骤雨,别说他的培训学校,就是他创业的理想和学术的梦想都有可能被立即棒杀。

真的猛士,敢于直面惨淡的人生,敢于正视淋漓的鲜血。

让暴风雨来得更猛烈些吧!

无所畏惧的王阳明,似乎对这场斗争分外期待。他期待以一场尖锐的冲突来唤醒更多无知的民众,他期待更多的士人从僵化了的程朱理学中觉醒起来,他更期待一场彻底颠覆大明朝沉闷学风的个性解放思潮。

寄意寒星荃不察,我以我血荐轩辕。

然而,古代中国的空气其实要比我们想象的更加舒缓自由。并没有发生什么大清洗、大抢救的运动。

在这场包裹在学术外衣下的政治斗争中,当权派也只是用釜底抽薪的办法,拆散了王阳明、湛若水、黄绾的反动学术集团,先是湛若水被调去出使安南(越南),次年,王门的高足黄绾因为被人参劾,也告病还乡而去。

黄绾,这个人值得我大力推介一番。

不知道他的人,连这个"绾"字也没见过几回。知道他的人,多半的第一反应就是,哦,这个人啊,王学的叛徒!

叛徒,这是个被国人用滥了的词,可怜我泱泱华夏千疮百孔的血泪史,不然怎会出那么多叛徒。

但黄绾实际算不上什么叛徒,只不过在晚年,对王学提出了诸多异议,只是学术上的争论,不涉及人身攻击。而且,黄绾针对的主要是王畿带领下的王学左派思潮,阳明先生彼时早已作古。

然而,这个黄绾在青葱岁月里,确实是王学的极力拥护者。

当清朗的黄绾被储瓘带到王阳明面前时,王阳明顿时眼前一亮。

古人的价值观跟我们有些差异,他们是很习惯以貌取人的。

据说魏晋时期,大帅哥潘安拿着弹弓,坐车到洛阳城外游玩,由于他长得太帅了,大街上的女孩子们见了他,都走不动路了,尤其是那些老女人,竟然用水果投掷他,以至于潘安每次出游,都满载而归,家里缺水果吃了,他娘就让他出去逛一圈。住在对门的左思他娘看着眼馋,就怂恿儿子说,你也出去转转吧,给妈带点水果回来。缺心眼的左思还真听话,立刻出去转了一圈,结果水果没带回来,却被人吐了一身唾沫,头上还顶着几根烂菜叶子。左思他娘这才醒悟过来,都怪娘啊,没给你一副好容貌,还让你去大街上丢人现眼,得,这几根菜叶子,也能炒盘菜了。

在大多数古人眼里,一个人如果长得帅、有气质、玉树临风、貌若潘安,那么这个人肯定有经天纬地之才,治国安邦之术。(快乐男声选手是不是都在偷着乐呢!)

因此,当王阳明第一眼看到黄绾的时候,他就知道,他该去参加快乐男声比赛了。

从此,黄绾和王守仁及湛若水成为挚友,"三人者自职事之外,稍暇,必会讲,饮食起居日共之,各相砥砺"。

可惜美好的时光总是很短暂,正德七年初,黄绾在思想当权派的排挤之下"以疾告归",王阳明依依惜别,并作《别宗贤归天台序》为临别赠言。其中,阳明用"去蔽"与"去害"的话教育黄绾,说:"君子之学,以明其心,其心本无昧也,而欲为之蔽,习为之害,故去蔽与害而明复,匪自外得也。"

此后,黄绾和王阳明之间不断有书信往来,情谊至深。

正德七年十二月,王阳明"升"为南京太仆寺少卿,正四品。明升暗降,由人事部的实权派变成了养老院中的马倌,显然是"挺朱派"的故意安排。

《大学》之议

这年年底,王阳明由学生徐爱陪同,走水路去南京赴任。

徐爱,我们已经介绍过的王门颜回,彼时他以祁州知州考满进京,吏部考

> **舊序**
>
> **傅習錄序**　　門人徐愛撰
>
> 門人徐愛私錄陽明先生之言者，先生聞之謂之曰：聖賢教人，如醫用藥，皆因病立方，酌其虛實溫涼陰陽內外，而時時加減之，要在去病，初無定說。若拘執一方，鮮不殺人矣。今某與諸君不過各就偏蔽箴切砥礪，但能改化，即吾言已為贅疣。若遂守為成訓，他日誤己誤人，某之罪過可復追贖乎！愛既備錄先生之教，同門之友以是相規者，愛因謂之曰：如子之言，即又拘執一方，復

学生徐爱为王阳明《传习录》撰序

核他的政绩之后，决定升他做南京工部员外郎，这样，师生二人刚好同路赴任，顺路回家乡余姚看看。

一路之上，徐爱倾心向学，如饥似渴，仿佛要学完一辈子的知识。（难道他预感到不久的将来，自己就会挂掉？）

王阳明更是对这位妹夫兼学生格外器重，亦是将自己的学问倾囊相授，毫无保留。

一条京杭运河承载了中国古代文人的多少心情，上京赶考、荣归故里、升

迁赴任、贬谪还乡，还有这船头闲话、船尾情思、孤寂独酌或是举杯共饮。只有静静的运河水，才晓得他们所有的落寞与无奈，光荣与梦想……

此刻，运河水格外的宁静，它在倾听着两位哲人关于《大学》的讨论。

提出这个议题的是王阳明，他早就看不惯朱熹的《大学》观了，要纠偏，必须要先从自己的学生入手。于是他问徐爱，爱徒对《大学》有什么看法？

这明显是引着徐爱钻进自己的口袋。

不明就里的徐爱于是大谈朱熹的《大学》观。

且慢，徐爱难道不懂得王阳明的学问，非要谈朱熹的观点呢？

譬如我们吧，从小学的思想品德可就学马克思主义，一直学到大学，即使后来接触过康德的、歌德《浮士德》，但老马的思想已深入骨髓了，想要剔除，只能刮骨疗伤了。

徐爱也是一样，人家徐大人好歹也是通过科举取士进入官场的，明代的科举考的就是《四书集注》，朱熹这套东西，徐爱当然倒背如流。

王阳明气就气在这了，他觉得朱熹是个骗子，而且这个骗子不光骗那些摇头晃脑的"学问家"，还骗天真可爱的少年儿童，真是天理难容！

听了徐爱的"朱熹语录"，王阳明有些激动地说，爱徒啊，你知不知道朱老夫子篡改了《大学》的许多内容呢？

徐同学听了无比震惊，学生愚钝，请先生示下。

王阳明的确不是在蒙人。

四书当中，朱熹最看重的就是《大学》了。但是，朱熹的文化观跟我们有些不一样，我们主要将继承先进的文化传统，而朱老夫子则不然，他对于越推崇的东西，就越想篡改。他的口号是，爱它，就要篡改他。

于是，朱老夫子对《大学》是边读边改，增删不断，《大学》经他读了一遍，就面目全非了。特别有意思的是，朱子还补写了一章，把这一章也当成大学原文，传之后世。那时候没有出版法，不然朱夫子肯定会损失一笔不小的稿费了。

王阳明不是新闻出版署的，他不管版权问题，只管自己与朱熹的观念冲突。

他知道朱熹篡改《大学》的目的,是要强调自己的格物致知之说。且不说他补写的那一章是在赤裸裸地宣传格物致知,就是朱熹对于《大学》章目顺序的编排,也明显表现出他宣传自己学说的阴暗目的。

于是,阳明对徐爱说,你们啊,都上当受骗了,古本的《大学》根本就不是这样的,朱熹改变了章次,将"格物"列为"八条目"之首,就是为了骗你们去天天格物,日日格物,年年格物。你老师我还不是曾经受过他的骗,去格了什么竹子,现在想来,跟二百五一样。

徐爱一听恍然大悟,恨不得拿把刀子,给自己刮骨疗毒。

那么,老师您认为应该是怎样的顺序呢?

阳明听了,心说,程朱之学真是害人不浅,害处不光在观点,还有治学的思路。

《大学》哪里有什么章次顺序呢,本来就是一篇嘛!

那主旨呢,徐爱越听越糊涂了。

主旨,就是"诚意",《大学》的八条目"格物、致知、正心、诚意、修身、齐家、治国、平天下",主旨就在"诚意"二字。

徐爱这下终于明白了,《大学》说的就是这个意思啊,原来老师才是承继了《大学》的传统,他讲"圣人之道,吾性自足",不就是内求于心,要"诚意"的意思嘛!

到这里,阳明对徐爱的"洗脑"取得了阶段性胜利。

接下来是巩固期。

在运河的舟中,阳明讲起他的龙场之悟,讲起他的知行合一,讲起他的吾心即理,徐爱听得如醉如痴,他仿佛被一位先知引入了思想的天堂,一步踏入,豁然开朗。

从滁州到南京

在家乡休养一段后,阳明和徐爱等学生又一路浩浩荡荡,奔赴安徽滁州,这是南京政府那边养马的专辟区域。

滁州,就是《醉翁亭记》中那个"环滁皆山也"的滁州。阳明在这里度过了人生中相对清闲舒适的一段时光。

滁州山水甚佳,即使已入十月,天气也不觉怎么清冷。阳明督马政,自然是地僻官闲,每日便与学生们游览山水景致,途中当然少不得吟诗作赋,风雅成诵。

阳明自有一套独特的教学理论。王老师认为,学生跟着老师一边游山玩水一边学习科学文化知识,这对于知识的掌握和运用大有裨益。寓教于乐,寓学于玩,才能培养出既有知识,又有涵养,德才兼备、文武双全、玉树临风、风流倜傥的栋梁之才。

每到夜晚,阳明一行人还在山谷之间点起篝火,开个篝火晚会,搞个知识问答什么的,以此来总结一天的学习成果。兴奋之时,大家还会齐声歌唱,声震山谷。

这种形式活泼的教学方式同阳明的学问一样声名远播,引得无数学子前来求学。

学子们多了,思想氛围就更加活跃了。大家经常向王老师提出一些新颖的问题,有时候阳明自己也把握不准,干脆拿出问题来大家讨论。讨论是一种激发思想和智慧火花的强有力方法。学生们每日讨论争吵不断,王老师也不阻止,在一旁细心地搜集着时不时迸发出的思想火花,也以此来丰富自己的理论。

有个叫孟源的学生,感觉自己被大家吵得耳朵都快聋了,就去找王老师说理。

老师,您平时不是倡导我们静坐吗,但是他们吵得我腰酸背痛腿抽筋,根本就没有心思静坐悟道啊!

阳明心想,我这里不是课堂,没办法给你调换座位啊,可是,也不能这么跟人家孩子说吧。

于是,王老师镇定地回答道:"纷杂思虑亦强禁绝不得,只就思虑萌动处省察克治,到天理精明后,有个物各付物的意思,自然静专无纷杂之念。"

他的这个回答明确指出,静坐的目的并不是扫除一切思虑,而是应该物来则顺应之,即"物各付物"。他们吵,你就跟他们一起吵就是了。

王阳明是不赞成没事干就坐在那里发呆的,他觉得这样对身体没什么好处,还会引发心脑血管疾病,于是他便经常告诫弟子要"无间于动静"、"在事上磨炼"。静坐不是目的,迸发思想的火花才是好事。

这又扯到阳明的"知行合一"论,他认为应当通过"在事上磨炼",在具体、复杂的行动、实践中锻炼自己的心理应付能力。如此,才能达到静坐的最终目的。

孟源听了先生的指点,如梦方醒,迅速地加入到争吵的队伍当中,不久就成长成一名能文能武的吵架干将。

阳明的学生日益增多,滁州旅游局官员和大大小小的旅店老板们全都乐开了花,这哪里是来了个养马的,简直是来了个财神爷啊!

可是好景不长,生意人们只高兴了半年的时间,一纸文书就击碎了他们的发财梦。正德九年四月,王阳明升任南京鸿胪寺卿。

学子们自然是跟着一窝蜂直奔南京。可怜那些滁州的地方人士,旅游局官员、旅店老板、古玩字画商人等等,听到阳明先生要走得消息,如五雷轰顶,个个捶胸顿足,痛心疾首。

人都说商人重利轻别离,但滁州这些人却不是如此。送别之日,大家都开着私家车前去送行,一直送到乌衣,还是不肯离去。

阳明不得已,写诗劝慰这些滁州之友,千里送君,终有一别,情谊哥们儿领了,你们还是早些回去吧。

> 滁之水,入江流,江潮日复来滁州。相思若潮水,来往何时休?空相思,亦何益?欲慰相思情,不如崇令德。掘地见泉水,随处无弗得。何必驱驰为?千里远相即。君不见尧羹与舜墙?又不见孔与蹠对面不相识?逆旅主人多殷勤,出门转盼成路人。

第七章 峰回路转，柳暗花明

阳明思想照九州，几家欢喜几家愁。

与滁州众人的落寞形成鲜明对比的是，南京各界的翘首期待。不必说那些饥渴的当地学子们，也不必说那些旅游局、工商局、税务局的官员们，再不必说那些巨商富贾或是小商小贩，单说那些秦淮河的妓女们，得知阳明要来的消息，都暗自用功学起了心学知识，以便应对那些为阳明而来的全国各界人士。

心学在这六朝金粉之地，成了时髦的显学。

我常想，那是个怎样的时代？人们能够为一种哲学而趋之若鹜，废寝忘食。这在今天，是我们想都不敢想的事情。

第八章 从书生到将军

南赣之乱

王阳明朝服大像

心学之风盛起,阳明觉得,此生当以讲学布道为乐,做个杏坛上的圣人,是多么美好的事情啊!

然而,一个人的出现,彻底改变了王阳明的人生轨迹。

此人就是王琼,时任兵部尚书。

王琼推荐阳明出任都察院左佥都御史,巡抚南赣汀漳。目的是让王阳明去剿南赣之匪。

还没等阳明回应,朝廷内部就炸了锅。

什么?王大人你脑子有毛病吧,难道地沟油吃多了?让一个只会读书论道而且弱不禁风,当初差点死在监狱里的王阳明去南赣,他去送死也就罢了,还得赔上许多纳税人的银子,够我们腐败好几年的了!

王琼是个正直而有眼光的人,他通过各方面比较,觉得王阳明绝对是个将才。于是他只是淡淡对那些唧唧歪歪的人们说了一句话,他们就全老实了。

谁反对谁去呀!

可谁没事找事去那臭名昭著的南赣之地剿匪呢,别说没什么油水,搞不好还要搭上身家性命。

再太平的世道,也会有匪寇作乱,何况碰上正德这等四六不靠的皇帝呢。但是,为何南赣之地的匪患如此严重呢?

主要是地理原因造成的。所谓南赣汀漳,南指江西南安府;赣指江西赣州府;汀指福建汀州府;漳指福建漳州府;另外还包括湖广的郴州府和广东的韶州府等地。由于这块地方多是山区,贼多难逮,官军一到,人家就躲进深山不见踪影,抓贼比抓大熊猫都困难。因此,周围的省份都不想要这块地,于是这片区域就被直接踢出了各省的版图,重新成立了一个特别行政区,行政长官叫南赣巡抚。

可想而知,这个南赣巡抚是个什么样的受气包角色。

这个受气包头上有几座大山:

谢志珊、蓝天凤、陈曰能,地盘江西;

池仲容、高仲仁,地盘广东;

龚福全,地盘湖广;

詹师富,地盘福建。

这七座大山不但压得历届南赣巡抚喘不过起来,而且,他们互相串通、沆瀣一气、鱼肉乡里,搞得当地生灵涂炭,民怨沸腾。

有人要说,封建统治阶级腐朽黑暗,农民们揭竿而起,是义举,不是匪寇。

说一句就明白了,座山雕是匪吗?是!那南赣这些就是匪了。

无论什么样的人出来做皇帝,百姓们都只求一个字——稳。生活稳稳当当,又管得了谁当皇帝谁起义呢?有人扰乱稳定的局面,政府出来跟他们比划比划,有何不妥吗?

当然,有些官员喜欢趁火打劫,借着剿匪欺压百姓,中饱私囊,这就是另外一种性质了。

王琼知道,王阳明不是这种人,因此力荐阳明。

王阳明起初是不愿接受这个苦差事的,一是他身体比较差,二是他自己也觉得没有带兵打仗的经验,怕去了误事。

可有的时候,旁人或许比自己更了解自己,王琼就是这样的旁人,他软磨硬泡,连哄带吓唬,最后终于说服阳明接受了任命。

正德十二年正月,王阳明走水路向赣州进发。省长上任,是否该讲个排场呢,有没有摩托车开道,交警护驾?前面说了,大明朝的官员甚是可怜,阳明此去赣州,只带了家人和仆从,大小三十口左右,租用了一艘船,就匆匆出发了。

船行至万安境内,突然走不动了,前面的河道上停泊着不少商船,交通堵塞。阳明心想,剿匪先放放,先来整治一下交通吧。

仆从来报,说是前方商船皆因不远处有流贼出没,而不敢前行。阳明听了,微微一笑,王琼不是说南赣的乱匪不好找吗,怎么偏偏就送上门来了。

这时,前方商船中几个带头的商人纷纷来拜见省长大人,只见这几个人如丧家之犬,目光呆滞,形销骨立,显然是熬了几天了,也被吓唬了几天了。

阳明心生怜悯,告诉几位客商,你们可如此这般,这般如此,只要听我的,保你们逢凶化吉,财源广进。几个人听了阳明的训话,如打了鸡血般,立刻精神起来,哼着小曲回去做准备了。

再说那些流贼,他们本是流民聚众,组织松散,纪律全无,如同今日索马里的海盗,都是穷得没办法才出来抢个馒头回家充饥的。万安这段水路上的流贼大概一百来人,他们都是本地之民,凭着抢来的几艘船据守水路要塞,来往商船有护卫的不敢惹,打不过的就跑,见了软的就欺负一下,显然没有什么要做江洋大盗的远大理想。

这几日,流贼们过得还算舒坦,经常碰上些小商小贩,不抢白不抢。就在小头目们正在分赃的当口,探子来报,头儿,大事不好,前方有一大队的官船来了,船上都插着不知哪路来头的牙旗呢!

几个小头目慌张地站上船头,定睛一看,只见十几艘官船浩浩荡荡正向自己驶来,哎呀,那不是南赣巡抚的牙旗嘛,没文化真是害死人呐,我们的末日到了。

快跑吧!

哪知这帮人刚跑到岸上,就被阳明早已埋伏好的军校们一下子逮个正着。阳明看到这些流贼破衣烂衫的样子,便命人向贼众宣告:"江西灾情,本院已知,定有妥善办法赈济。念尔等饥寒所迫,又是初犯,不予追究,就此各回其家,正当谋生,等候官府安顿。"

流贼们一听不用吃牢饭了,一个个千恩万谢,哄然而散。

剿匪(一)——备战

正德十二年(1517)正月,王阳明抵达南赣汀漳巡抚衙门所在地赣州。

一路之上,阳明都在盘算着这个匪到底该怎么剿,安民、招兵、筹钱……但是一来到巡抚衙门,他马上意识到他首先要做的是什么事了——抓奸细。

阳明的祖上可出了几位资深相面算命家,因此,这点慧根也传给了阳明。阳明扫了几眼迎接他的府吏们,有几个虽然忙忙碌碌,却满脸的奸相,耳朵竖得老长,非奸即盗!

这天傍晚，阳明将一名年老的书吏叫到自己的卧室里。

看到老吏一脸的沧桑，阳明幽幽地说道："你想活还是想死啊？"

此言一出，老吏扑通跪倒，"大人何出此言，我忠心办差，不知何事惹怒了大人，要取我身家性命？"

阳明早就盘算好要诈他一诈，因此又不慌不忙地说："你的事我已尽知，你想活还是想死啊？"

气场的强大绝不是吼出来的，阳明的镇定从容，登时瓦解了老吏的内心。不过几个回合，老吏已经把他怎样与匪寇串通，通风报信的事交代清楚了，还供出府衙之中的其他几个奸细。

阳明听了不禁心寒，想我大明的知府衙门，原来已成了贼窝了。接下来的几天，阳明顺藤摸瓜，揪出了若干奸细。他的策略是，对这些人不杀不罚，而是要用他们。让他们继续给敌方通风报信，假传消息。

肃清了奸细，阳明要开始做大事了。

首先要安民。阳明的安民，不是要刺激消费，给老百姓发红包和避孕套，而是让民众安定下来，不参与匪徒的行动，这是非常时期的非常政策。

具体措施就是实行著名的十家牌法：编十家为一甲，每甲发一块木牌，从右到左写明各户籍贯、姓名、行业。每天一家轮流执勤，沿门按牌审查，遇面生可疑之人，立即报官。互相监督，互为牵制，如有隐匿，十家连坐。

没办法，奸细猖獗，阳明也是要以怀疑应对怀疑。此招彻底切断了良民和山贼之间的联系，确实够狠。钱可以不要，但命不可不保，这点父老乡亲们都明白了吧，OK？

一月之内，全省境内，各家各户的鸡都改排队睡觉了。

然后是，选练民兵。

王阳明发文周边四省，请求在各县的牢头、捕快、打手、城管中挑选"骁勇绝群"的力士，编练民兵。周边四省会乖乖听从吗？当然。因为他们知道，如果不照办，王阳明很可能会把匪轰到自己这里来。

有了这些新鲜血液的加入，平乱有了基本的保障。阳明对这支民兵队伍寄予了很高的期望,称之为"精兵"。

第三步,筹措军饷。

阳明起初不愿接手南赣,还有个原因就是因为他知道朝廷是铁公鸡,一两银子都不会给他。但既然来了,他就得自力更生,艰苦奋斗了。

现代战争就是烧钱,古代也好不到哪去,除了切实的军费开支外,士兵的饷银也是一大笔钱,士兵没了饷银,也没信仰,怎能勒紧裤腰带上阵杀敌呢?

军费从何而来?匪乱平定之后,王阳明总结道,他的最可靠军费来源就是盐税和商税。而二者之关系,王阳明则有"商税所入,诸货虽有,而取足于盐利独多"的说法,甚至,他还直接指出:"南、赣地方两次用兵,中间商税实为军饷少助;然而商税之中,盐税实有三分之二。"足见盐税已成为王阳明南赣巡抚任上最为重要的军费来源。

盐税真有这么多?那原来盐商们都不纳税吗?

这是个制度的问题。洪武三年,明王朝开始推行开中制,用官府控制的"官盐"(或称"引盐")将内地所产之粮饷与边军所需之军饷连结起来,"招商输粮而与之盐",也就是让商人把粮饷运到边境,然后根据商人所运粮食的多少给与相应数量的盐引,商人凭此盐引赴指定的盐场支盐,并运到指定的地区销售,由此达致专卖之目的。

这招够黑吧?先纳税,后经营。

更黑的是王阳明。

古代实行"划地行盐"之制,即某地所产食盐,必须在某一固定地区销售。南赣之地,本应行销淮盐,但离广东又颇近,粤商们私贩粤盐,已是见怪不怪的事情了。而王阳明到了赣地,敏锐地发现了这一现象,并且毒辣地建议朝廷对粤商征税,这下好了,淮商粤商一起送钱,军饷足矣。

朝廷也是拿南赣相当没办法,只好给了王阳明极大的权力空间。谁知阳明还一再得寸进尺,一疏再疏要延长此制度的期限,以保证足够的军费开支。

其实,盐这种东西,在古代社会的意义实在太大了。在传统时期,盐法最重要的不是民生问题,而是财政问题,并且特别是军费来源问题,历代王朝,一且需要军费,常常做的事情就是设法从食盐流通中获取。王阳明这个方法,也不是他自己的独创。但仅仅凭着这个用旧了的方法,便能筹措几万两军费,对于人们眼中的这位教书先生来说,不得不说是个奇迹。

剿匪(二)——漳南之役

奇迹继续上演,王阳明开战了。

柿子要捡软的捏,先打那个软柿子——詹师富。

这里要插播一下中国古代一个颇具特色的光辉现象——匪越剿越多。朝廷派去剿匪的地方大员,多半是两种情况,一种建功立业、名垂青史,一种中饱私囊,自得其乐。二者的比例是1:100,或者,更厉害。因此,匪越剿越多,因为当官的需要匪,当兵的需要匪,没有匪,他们就没有了生活来源,匪就是他们的衣食父母,再造爹娘。反过来,匪也需要官,打家劫舍的匪司空见惯,可没见过几个围攻知府衙门的,为何?匪劫的是民,不是官,官是他们的保护伞。从来都是官匪一家是主流,本着互利互惠原则,匪自然是越剿越多。

当然,从此衍生出来的问题就是,匪寇们从不注重自身建设,平时只顾吃喝玩乐,打家劫舍,一不搞思想教育,二不搞练兵比武活动,因此,战斗力极其薄弱,真要碰上个厉害的角色,一击便垮。

因此,当非主流王阳明到来之后,一切就改变了。心即理啊心即理,剿匪需要什么?只需要一颗正直的内心。只要你真心去剿匪,必定成功。

詹师富这个软柿子,就是凭着官匪一家的光辉思想生存下来的一只病猫。地方官员们没事拿他找找茬,取取乐,但从来无意剿了他。

王阳明来真的了。

他首先通过那些叛变的奸细们传话过去,要先打横水、桶冈。

正当詹师富本着快活一天算一天的人生信条在老巢喝酒吃肉的时候,探子来报,他的地盘长富村已经被阳明的先头部队端了。詹师富顿时吓得两眼冒绿光,他意识到,官军这次是动真格的了。于是,他传下命令,据守老巢像湖山。

此时,阳明的先头部队已经追长富村的余贼至像湖山附近的莲花石一带,阳明和他请调的各省援军也纷纷赶到,众议合围此地,一举剿灭詹师富。

可是,形势一片大好之际,杀出了两个二百五。福建卫指挥使(正三品)覃桓和县丞(副县长)纪镛急于立功,轻敌冒进,与正欲突出重围的敌军短兵相接,最终成了人家的刀下之鬼。

众路官军一看,大事不好,有人献身革命了,赶紧逃命吧。

王阳明见势,大喝一声:"且慢!"

"打仗哪有不死人的,你们怕什么?"

"怕死啊,这还用说。"

"逃跑实在有些没羞没臊,要不我们等着广东的狼兵来帮我们打吧。"

"好好,狼兵厉害!"

几个将领吵得阳明心烦意乱,他理了理思路,然后和气地说,好吧,那就请调狼兵吧。

接下来,阳明暗中做了几件事情,一是假意上奏朝廷,添调狼兵,然后佯言犒众退师,实则只退老弱残兵,而率各路精锐部队,潜伏于不远处的上杭,周密部署,只等詹师富松懈下来,一击必胜。

詹师富果然按照阳明的部署松懈下来。这天探子来报,贼兵已放松警惕,都在喝酒吃肉呢。阳明拍案而起,好,今日就是他们的死期。

二月二十九日夜晚,阳明精选的三路兵马衔枚并进,一举夺取了贼兵的险要关隘。此后,三省官兵又乘胜追击,做了些打扫卫生的事情。到了第二天中午,詹师富一部的匪寇已尽数归降,战斗中敌军死伤甚重,詹师富、温火烧等七千余人领罪削首。

王阳明仅用了三个月时间,就荡平了漳南十余年的匪患。

剿匪（三）——桶冈之役

在王阳明打詹师富的时候，横水的谢志珊就不老实了，他没有一点兔死狐悲的消极情绪，而是借着官兵都在主攻詹师富的机会，趁虚而入，偷袭了南安。

阳明觉得，这个谢志珊不好对付，于是在剿灭詹师富一部之后，攻打横水、桶冈。经过周密的分析，王阳明决定先攻打该地区的腹心之地——横水、左溪，把尖刀直插到敌人的心脏上去。

对于王阳明来说，一切反动派都是纸老虎。官军于十月己酉进兵，至十一月己巳，共破贼巢五十余处，擒斩大贼首谢志珊等五十六人，斩首小兵二千一百六十八人，抓获俘虏二千三百二十四人。

面对骄人的业绩，几个当官的立刻想到了奖金。谁不爱财，为了更多的财富，大家又建议王阳明去打桶冈，也好乘胜追击，再立新功。

这一次，王阳明停下了。战略家的眼里永远是战场，而不是白花花的银子。

桶冈作为一个战场，易守难攻。之所以叫桶冈，就是因为它长得实在太像一个木桶。四面青壁万仞，连峰参天，真是一夫当关，万夫莫开。

最要命的是桶冈之内粮草充足，而且还有自产自销功能，整个一现实乌托邦，想用切断对外交通的方法困死蓝天凤带领下的桶冈匪寇们，那真是会等到花儿也谢了。

不可强攻，唯有智取。王阳明又打出了温情牌，派出使者前去招降。

桶冈的喽啰兵们早已知晓了其他几路匪寇的悲惨结局，因此，很多都有归降之意，这下听说来了招抚的使者，感觉拨云见日一般，心理防线一溃千里。

这就是王阳明要达到的效果。

内心的强大才是真的强大，而内心的瓦解也是溃败之始。

王阳明明里招降，暗里则派人买通了几个已有降意的山贼，将他们负责把守的几个关口作为突破口，暗中调遣军队，鱼贯而入。

一切被蒙在鼓里的蓝天凤正在思索着是战是降,只听帐外喊杀声震天,他跑到帐外一看,他的世外桃源般的桶冈已然尽归敌手,他已没有资格再思索战或是降了。

此役结束之后,王阳明又广发招降函。他盘算了一下,剩不了几个强硬的对手了,不如给他们写几封信,增添点兔死狐悲的气氛,说不定还能点化几个匪首。果然,广东龙川的卢珂、湖广的龚福全和广东的高仲仁都先后归顺,再算上之前在攻打桶冈时顺带捎上的陈曰能,剩下的只有池仲容这个大钉子了。

自从王阳明来到南赣,池仲容这里就整天收劝降书,阳明对这位迟大胡子很是眷顾,三天两头写封书信给他,问问最近身体如何,家里人怎么样,庄稼收成还好吗,打算几时归顺啊?

池仲容收信都收习惯了,每次读完信后,他就将信纸擦擦他那口明晃晃的钢刀,随后便将书信扔进火盆。手下的人都坚信,即使全世界都归降了王阳明,池仲容也不可能。

可是,这次,这些池仲容亲信们都大跌眼镜了。王阳明的大军还没有到他们的老巢三浰,池仲容就忙不迭地派弟弟池仲安迎上去表达归降的愿望了。

王阳明是谁?他一看池仲安那副表面殷勤私底精明的态度,就明白了池仲容的目的——诈降。

果不出阳明所料,待池仲安走后,池仲容便马上部署防御工作,积极练兵备战,另外,还建立起了一个强大的谍报系统,以便于及时从池仲安那里得到最新鲜的有关于王阳明的各种情报。手下人看到老大还有这么一刷子,顿时佩服得五体投地,高!实在是高!

道高一尺,魔高一丈,比魔更高的是圣人王阳明。

王阳明根据池仲安的一举一动,给池仲容配备了一套专属的情报系统。这么说吧,阳明觉得池仲容应该知道什么了,就授意手下不经意间透露给池仲安,这样一来二去,阳明的假情报源源不断地传给了池仲容。

与假情报一起送过去的还有羊羔美酒。拿人钱财,给人办事,送肉送酒的快递员捎话给池仲容,王大人问你,什么时候归降啊?快了快了。

快递员回去报告,他说快了快了,可我看他厉兵秣马的态势,像是要快开仗了。

于是,阳明又派人去问,说你这是要跟谁干仗啊,有摆不平的,哥们儿帮你出出气。

池仲容蹬着馒头上卷子,说,正是正是,我怕卢珂这小子背后捅刀,对我不利。

阳明听了大怒,卢珂,他正降于我的帐中,这口气哥们儿帮你出了。

于是,阳明跟早已归降的卢珂合演了一出周瑜打黄盖。

卢珂被仗责三十,投入大牢。报喜的假情报立刻摆在了池仲容的案头。池仲容大喜过望,为自己借刀杀人的计谋,一夜就笑醒了三回。

为了制造信任池仲容的假象,王阳明下令赣州城内张灯结彩,大飨将士,告谕远近曰:"今贼巢皆已扫荡,三浰新民又将诚心归化,地方自此可以无虞。民久劳苦,宜暂休为乐。"然后刀枪入库,马放南山,士兵各自回家种田,表示不再使用。

阳明料想池大胡子这下该放松警惕了,就决定用一条妙计引蛇出洞,请池仲容入瓮。

什么东西才能打动池仲容的内心,金钱?美女?香车?宝马?哦,王阳明突然想到了,是——日历。

王阳明脑子没出问题吗?一本破日历怎么会使池仲容出山呢?

正是一本日历。

接下来的故事应该叫《一本日历引发的血案》。

历法在古代是一个神圣的东西,在科学的光芒还没有普照这个古老的国度时,历法在人们眼中,是与天命相连的。在古代中国,颁布历法是统治权威的象征,谁掌握了制历权、颁历权,就成为天命所归的天子,拥有有号令天下、统驭万民的合法依据。

当然,日历的制作也就归政府垄断了。明朝时候,每年会举行颁历仪式,鸿胪寺备有百官历案,其上置民历,由颁历官发放群臣。在此之外,朝廷还设有发放专门历日之处,如司礼监与钦天监,官员们前去领取。

但是,这些活动仅限于官员,老百姓是沾不上边的。如果谁家有个当公务员的亲戚朋友,能够搞到一本历法,那么这家人也足够高兴一年的了。

一句话,日历是身份的象征!

池仲容做梦也没想到,王阳明要送自己一本日历。自己上数八代都是农民,从来没见过这个稀罕东西。池仲容接到消息后,高兴得整夜未眠,第二天一早就带着一干亲信屁颠屁颠地来找王阳明了。

为防万一,池仲容将大队人马留在城外,自己只带几个贴身护卫进了赣州城。

王阳明见了池仲容,不满道:"你和随行的朋友都是我的子民,为何将他们滞留城外,不来见我?是否对本院还有怀疑?"

池仲容一听王阳明的口气,担心得不到日历了,就派人将城外的匪寇们也叫进城里来了。

池仲容一行受到了极高规格的款待。每餐四菜一汤,从贫民窟生活直奔小康了。令大家更加感动的是,不光是池仲容,凡来者每人得日历一本。这待遇,就跟现在每人奖套房差不多。

有人不禁要问,王阳明哪里来的那么多日历?岂不知阳明的公务员朋友遍天下啊!

吃也吃了,玩也玩了,日历也拿到了,池仲容这帮人坐不住了。他们一再请辞,心想,回去就翻脸不认人,继续跟你对着干。

阳明怎能放虎归山。

王阳明劝说池仲容,马上就快过年了,大城市里过年很是气派,到处张灯结彩,锣鼓喧天,体会一下赣州城的年味,再走也不迟啊。

谁不爱灯红酒绿,谁不爱觥筹交错?池仲容早就动心了,更重要的是,这几日他留心观察,见各营官兵都已解散,又暗中遣人贿赂狱卒,探察卢珂等人,果然还关在大牢里呢,因此,已经很微小的警惕心这几日消失殆尽了,他决定留下来过年。

王阳明在大年初二的夜里下手了。

依然是灯红酒绿,依然是觥筹交错。

酒席过后,杯盘狼藉,污秽满地。

池仲容倒在血泊之中。

是夜,王阳明从狱中放出了卢珂,并嘱托他务必拖着沉痛的屁股回去集结兵力,准备与王阳明手下的官兵合力,直取三浰。

其实仗打到现在,阳明手中的兵力也已消耗殆尽,若不是碰上了这个喜欢日历的池仲容,真要是硬碰硬干起来,阳明也觉得胜算不大。

天赐阳明。

还要有多少次绝地逢生,还要有多少次扭转乾坤。对于这个书生来说,历史,你赋予他的是否太沉重了?

肩挑重担的王阳明在最后一役中打得干净漂亮,没用多少时间就把一帮无头的苍蝇收拾利索了。

破山中贼易,破心中贼难

濂溪书院为仿宋建筑,四合院砖木回廊结构,建筑面积1618平方米

终于到了刀兵入库,马放南山的时候。

阳明站在没有匪寇的山中,呼吸着清晨的空气。而他依旧嗅得出来,那股

血型的气息还未走远。于是,他站在群山的环抱之中,下定决心,要让南赣真的清新起来。

回到书斋之中,王阳明在纸上写下了十个字:

破山中贼易,破心中贼难。

帝王将相,能破山中之贼;古圣先贤,才能破心中之贼。

王阳明对自己的定位早就不在文治武功之上,他要成为一个能破人心中之贼的圣人。

大乱初定,该移风易俗了。

王阳明着手办了几件事:

第一,颁布《南赣乡约》,建立约长制度,以图民众自治;

第二,恢复社学(官督民办的义学),聘请名师,改革教育。

第三,开坛讲学,建濂溪书院。

刚刚从贼窝里摸爬滚打出来的王阳明,一转身又变成一介书生,布衣方巾,五缕长髯,那些投降了的贼寇们见到阳明先生,心里就打出了一千个问号,这,这难道就是横扫南赣的威武大将军?

而阳明的学生们显然更喜欢这副样子的阳明先生,听说先生又在濂溪书院讲学了,大家都蜂拥而至,人群中还夹杂着几位彪悍的武者,他们是慕名前来跟阳明学习兵法的,已经参加了几期培训班的资深学生告诉他们,我们这里只讲心学,不谈兵法。

心学也是兵法。

心学是指导人生的准则,无论你是庙堂之上的宠臣,或是市井中的小贩,指点江山或引车卖浆,都不要紧,你完全可以坐下来听听心学,学学知行合一。

与此同时,王阳明刊印了两本教科书,一为古本《大学》,二为《朱子晚年定论》。

古本《大学》,前面我已经说过了,王阳明老早就看朱熹删改的那本《大学》不顺眼,好容易有了空闲时间,赶紧印出古本《大学》来以正视听。

《朱子晚年定论》是一本引来颇多争议的书,尤其是在阳明的身后,构陷者翻出此书，一再诟病诬陷阳明，这也是后话了。

朱熹不曾想到，他身后有诸多的荣耀和光环，也更不会想到，几百年之后，他还要以另一种面目示人。《朱子晚年定论》中，走出了一个完全不一样的朱熹，他一把鼻涕一把泪地悔不当初，捶胸顿足地发誓要洗心革面，重新做人，推翻过去所有的错误学说，在阳明心学光辉的指引之下奔向美好的未来。

王导是怎样塑造晚年朱熹这个人物形象的呢？首先，他对于朱子一生的千言万语进行摘抄删减，把那些朱熹偶尔说出的自我批评、悔其少作的话都攒在一起，然后在稍加连接改动，一本朱熹向阳明心学投降的《忏悔录》就诞生了。

朱熹的悔改主要有两个方面：一是觉得过去只是讲论文义，诚是太涉支离，后悔病目来得太迟了；二是因不能再看书，却得收拾放心，正心诚意，直下便是圣贤。

有了这两本教科书，阳明讲起学来，更加得心应手。学生们也更加崇拜这个又有学问，又能打仗的先生了，心学在他们心目中已成了一种战无不胜，攻无不克的终极理念，他们坚信，无论是你失恋抑郁彷徨了，还是买不起房、买不起车、找不到好工作，甚或是得了疑难杂症久病不愈，只要你听了阳明心学，保你逢凶化吉，遇难成祥，前程似锦。

于是，学生们不满足这两本教科书了，由一个叫薛侃的爱做笔记的学生牵头，大家自费出了一本《传习录》，这书算得上是心学的标准教科书了，因为它汇聚了阳明数次讲学论道的精华内容。

在《传习录》的首发仪式上，薛侃激动地说，我们要把这本书献给刚刚离我们远去的大师兄——徐爱，在他临终之时，还在关心着这本书的后期印刷等事宜。墨香新传，而斯人已逝，悲哉！痛哉！

第九章

平叛，无功

宁王

阳明先生在江西讲学，再一次掀起了举国上下的心学热潮。而远在京城的一个人却看不下去了，这个人不是王阳明的敌人，而是他的伯乐——王琼。

阳明在南赣的一番作为着实给王琼长了脸，朝野上下都夸他目光如炬，能够选人用人，甚至有几位官员拉他去给自己的女儿相亲，让他看看对方是否将来也能像王阳明一样文能定国，武能安邦。

可一听说王阳明又在讲学了，王琼就不开心了，王阳明你本是我兵部的一口宝刀，为什么自己这么不长进，偏偏往教育部靠，当什么教书先生嘛！虽然不开心，但王琼也不露声色，他在等，他在等待早就在自己计划中的一场决战，彼时，这口明晃晃的宝刀定能见血封喉。

这时，江湖上传言四起，说远在江西的宁王朱宸濠行为异常，或有反意。

王琼在心中不厚道地笑了笑，该来的迟早会来。当初王琼把王阳明忽悠到南赣，明说是去剿匪，更深层的意思，是让阳明在那里对付迟早要反的朱宸濠。

这个朱宸濠，祖上就有反叛的传统，就别说朱元璋了，就拿朱权来说，当初就跟着朱棣造了一回反，结果人家当皇上了，自己却被发配江西南昌来当个没实权的王爷，每每午夜梦回，朱权都在反思自己被朱棣蒙蔽的悲惨遭遇。

这个气包子的传统也传到了朱宸濠的身上。

生气不利于安定团结。

眼睁睁地看着一个半疯半傻的朱厚熜当了皇帝，朱宸濠有些坐不住了。他开始联络朝中权臣，开始私造兵器，开始网罗人才，开始私结匪寇，这一切，当然都指向一件事情——造反。

在买通了吏部尚书陆完、宠臣钱宁和江西镇守太监毕真之后，朱宸濠感觉朝里有人了，心也不慌了，准备造反了。他放眼看了看江西那些大小官员，竟然有了一种你为鱼肉、我为刀俎的快感。此时，旁边有人提醒他，您大概忘了王阳明吧？

几天之后，王阳明的府上来了两个人——李士实和刘养正，朱宸濠的卧龙凤雏。

李士实是个罢官的御使，成化二年的进士，，而刘养正只是个举人，志大才疏。江西之地，人杰地灵，可怜宁王只觅得此二位能人。他谋逆之意如司马昭之心，有些本事的人都避之不及，只有这二位，本着我不下地狱谁下地狱的原则，前来依附宁王，鞍前马后，倒也尽心尽力。

王阳明是个厉害角色，因此朱宸濠把他的一双"龙凤"都派上了，意在策反，如果实在策不动，怂恿他在一旁别插手也行啊。

二人说了几句不疼不痒的话，但意思却是明确的，劝王阳明站到宁王这边来。

阳明在二人来之前，就已经知道这俩人是来干什么的了，因此，他不慌不忙地一一驳回了李、刘二人的暗示。还时不时地委婉提醒二人，苦海无边回头是岸啊！

几个回合下来，李、刘二人自觉遇到了高手，再不抽身，恐怕自己都要被

"策反"了,于是便起身告辞。

且慢,我要送两位先生一件大礼。

正在这二位暗自庆幸没有白跑一趟的时候,从后堂走出一个人来,阳明指着这个书生模样的人说,这是我的学生冀元亨,恕我公务在身,不能亲自去拜见宁王,宁王府就由他代我去一趟吧。

冀元亨是徐爱一样的人物,温良醇厚,深得阳明喜爱。此次,老师让他去宁王府,目的有二,一是给宁王一个面子,让我的学生代我去讲学,你也说不出什么废话;二是也让冀元亨去摸摸宁王那边的实情,以便及时应对。

冀元亨不是007,他到了宁王府,除了每日白吃白喝以外,就是给一些闲人讲讲孔孟之道,忠孝节义。宁王自己也看出来了,这个人揣着明白装糊涂,赶紧打发走了,免得横生事端。

于是,冀元亨在宁王府疗养一段之后,就回到了南赣。一见王阳明,这个平时有些木讷的学生却一下子变得坚毅起来,他的第一句话是:"宁王必反!"接着,冀元亨将南昌的详细情形一一说与王阳明,师生二人一致认为,宁王起事就在眼下。

事情实在不凑巧,就在宁王和王阳明互相犯瞪的当口,福建出事了。

福建的驻军有人煽动士兵哗变,远在北京的王琼一听这事,眼皮都没抬一下,就吩咐说,让王守仁去管管。你办事我放心,王阳明接到兵部书牒,准备去福建平乱。

烽烟再起

王阳明刚要走,朱宸濠这边就大肆动作起来,他赶制皮甲,大造火器,还打死了江西都指挥使(江西省军区司令)戴宣。

京城那边当然也不是吃干饭的,阁臣们都纷纷紧张起来,都察院御使萧淮首先站出来,上疏参劾朱宸濠的不轨行径。

朱厚照见风声四起,也有点慌了,平时太监们不是总夸宁王贤孝吗?怎么会一下子就变了呢？于是，他破天荒地找阁臣们来商量这件正事。

首辅杨廷和认为，朱宸濠毕竟未反，若处理不当，过激有变，反倒可能将其逼反。不如防患于未然，拟旨再削宁府护卫，使其无兵可反。众人皆以为然，便由内阁拟旨，着手安排削藩事宜。

有必要说说这个杨廷和，他继李东阳后任首辅，当年也是愤青一枚，跟着大臣们反刘瑾反得轰轰烈烈。让他骄傲的是，他还生了个状元儿子，著名的大文学家杨慎，明代三大才子之一。

不过，杨廷和人到中年，就持重了不少，况且高居相位，不免患得患失，结果就是一个愤青终于熬成了官场的老油条，兴趣也由改革、奋斗转向了派系斗争。

结党营私，是古代官场的顽疾，脑残的皇帝不理它，废物的皇帝忧虑它，而高明的皇帝则利用它。朱厚熜显然属于第一纵队的，因此，正德朝的派系斗争也搞得如火如荼，一边是杨廷和一系，一边是杨一清、王琼一系。

派系斗争的宗旨就是，凡是对方支持的，我们都反对；凡是对方反对的，我们都支持。因此，杨廷和不喜欢王琼喜欢的王阳明，更不相信一个病痨似的书生能够对抗朱宸濠。他主张静观其变，最好能够和平解决地方争端，但是王琼心里明白，仗是非打不可的。

政策未动，谣言先行。

这边刚刚讨论削藩，朱宸濠那边已经听到了皇帝打算要了他的命的谣言。

此时，朱宸濠正在筹备他四十三岁生日的寿宴。他闻言大惊，与刘养正商量后，打算一不做二不休，趁着第二天江西官员前来贺寿的机会，将其一网打尽，正式起兵。

江西巡抚孙燧，一朝封疆大吏，终抵不过人家皇亲国戚，明知朱宸濠造反就在旦夕之间，还是乖乖地来贺寿了。寿宴上济济一堂，皆是江西大小官员。

朱宸濠站在主席台正中央，激动地说："女士们先生们，我要造反了！我能有今天的义举，首先要感谢我的祖宗，还要感谢到场各位嘉宾，感谢江西父老和江西电视台的大力支持，还要感谢……"

孙燧等人已经气得青筋暴跳，大骂朱宸濠无耻。早已埋伏在寿宴周围的宁王手下寻声而至，凡是骂人的，一律推出去砍了。可怜巡抚孙燧、按察副使许逵等数人以死抗暴，携手共赴黄泉。

无论怎样，沉默的都是大多数。这些沉默的大多数皆被胁迫，从宁王而反。

此刻，王阳明正在前往福建的路上，官船一路北上，刚刚行至丰城界内，就听岸边有嚎哭之声。阳明定睛一看，嚎哭之人就在不远处，看穿戴，难道，难道是这丰城的县令！

县令大人望见官船，嚎哭之声更盛："巡抚大人，宁王已反！"

众人皆大惊失色，惟阳明作色大声曰："快逃！"

什么？阳明要当逃兵？非也。只因丰城此地与朱宸濠的大本营南昌近在咫尺之间，阳明料定朱宸濠必然派兵前来截杀己部，而手下的这些兵马只够对付福建那几个哗变军士的，因此，阳明选择先避开锋芒，以图后计。后计是什么，阳明路上已经想好，拖，一定要先拖住朱宸濠，待各部兵马集结到位，再关门打狗。

由于决策及时，阳明一行逃过了朱宸濠的追杀，一路南下，到了临江。临江知府戴德孺早已为他仰慕已久的大军事家阳明先生准备好了作战地图，等待阳明排兵布阵。

阳明看了看地图，又看了看戴德孺，老兄，去给我找几个办假证的来吧。

戴德孺一头雾水，但也不得不从命。一夜之间，临江城内办假证的人们都被揪了出来，戴德孺不得不感叹，公安部门的办事效率就是比工商局那帮饭桶高。

按照阳明的吩咐，这帮人开始连夜仿写朝廷公文，大致内容是：奉朝廷密旨，已预料宁府将反。现两广总督、湖广巡抚以及两京兵部已分别出师，埋伏于要害地区，望各地方官员听从号令，配合伏击叛军事宜。

然后戴德孺又找来一帮亡命之徒，许以厚禄，让他们怀揣着这些假公文在江西境内跑圈。

又过了几天,造假工厂厂长戴德孺又接到了新的订单,这次的任务,除了假公文,还有假的私人信件。

假公文大意是:四面八方的军队都在开赴江西,形式一片大好。问题是朱宸濠把南昌城修得固若金汤,硬要攻城定然伤亡惨重且未必能克,不如按兵缓行,埋伏于山川险要,只等他领兵出城,自投罗网。

私人信件则是暴隐私的,以回信的口吻写给李士实:信已收到,老先生报国之心令人感动,本职也才知道所谓从贼之事,不过是迫不得已的权宜之计。信中所教机密我与众人商议后都觉得可行,望先生严守机密,注意安全,事成之后定为先生向朝廷请功……

像这样的信还有几份,内容大同小异,主人公则包揽了刘养正,和朱宸濠结交的匪寇凌十一、闵廿四宁王造反集团的核心层,写好之后,命人继续跑圈发信。

戴德孺那边的造假事业开展得如火如荼,朱宸濠这边的造反事业则停滞不前了。如阳明所料,假公文、假信件很快被朱宸濠截获,宁府上下惶惶不可终日,都以为官军就快杀到了,朱宸濠更是看谁都像叛徒,于是在王府内部大搞整风运动。半个多月过去了,朱宸濠错失了出兵的最好时机。

阳明安顿好临江的造假事宜之后,立刻起身赶赴他的故地——吉安。几年前,他还在吉安这里跟几个诉棍较劲,如今,他却要作为一朝的封疆大吏领导平叛。人生真如白驹过隙,谁料前路又当如何。

吉安知府武文定没有准备作战地图来迎接自己的老师,曾随阳明剿过匪的他只有一句话:"什么时候开打?"

阳明也很干脆,告诉他一个字——等!

与此同时,王阳明的《飞报宁王谋反书》已经呈到了北京的朝堂之上。

朝廷接到王阳明的奏疏,立刻作出反应,将钱宁、陆完等朱宸濠的同党论罪下狱,革除朱宸濠王爵,向南方诸省通报宁王反情,着令地方官员配合王阳明剿灭叛军。

之前在府内如坐针毡的朱宸濠现在终于看到了真正的朝廷诏书,才知道被涮了,气急败坏地带着几万人,坐着千余条战船,沿长江而下,直扑安庆。

阳明接到战报后,微微一笑,这条地头蛇终于出洞了。

阳明早就告诉武文定他们,他宁王在南昌,是他的宁王,出了南昌,就是阶下囚了。

武文定一见朱宸濠直取安庆,就要带兵去打。阳明又拦下了,我们去南昌端他的老巢吧。武文定吃惊到,都说我武文定狠,原来恩师比我更狠啊!

朱宸濠志在陪都南京,这一走便是倾巢而出,只留下一些老弱残兵驻守南昌城。王阳明就是看到了这个机会,他料想朱宸濠知道后院失火之后,必定来救,这样,他的军队就在江西境内来回兜圈,别说打仗,累也累死了。我方攻破南昌后,正好以逸待劳,就地等着朱宸濠回来钻口袋,这样打下去,必擒朱宸濠。

可是,朱宸濠就一定会回来救南昌吗?他若是取了安庆就直接北上呢,我方在这里不是被晾干了。

别忘了,王阳明讲的是心学,此刻,他早已参透了两个人的内心。

一个是安庆知府张文锦。此人也是个不要命的主儿,他得知南康、九江二知府临阵脱逃的光辉事迹,气得直骂娘,当即传下话去,我一家老小都在安庆城中,我誓与安庆共存亡。

因此,对于张文锦,阳明是放心的。

另一个就是朱宸濠,对于这些生于深宫之中,长于妇人之手的皇室子弟,王阳明只有一个评价——没出息。人没出息的一大表现就是恋家,老婆孩子热炕头,多么美好的生活。

因此,阳明断定,没出息的朱宸濠定然不愿放弃自己的老巢,必然来救南昌。

当朱宸濠遇到张文锦,就像亚健康的富二代遇到了自主创业的科技精英,虽然你有的是钱,但胜负毕竟不能拿钱来衡量。朱宸濠望着安定城头横刀而立的张文锦,怅然若失。忽然,探马来报,南昌失陷。刚才还是若失,现在才知道,是真的失去了。

武文定在朱宸濠与张文锦焦灼之际,突袭了城防薄弱的南昌城,现在正在宁王府内喝茶呢。

心急如焚的朱宸濠立刻回师来救南昌,他身后的两个人同样心急如焚。

李士实和刘养正,他们虽然不是绝顶聪明,但有点智商的人都能预料到,朱宸濠这一回去,再想出来就难了。李刘二人明白,王阳明正布下了天罗地网,等着这条傻鱼上钩呢。

于是,两个匪寇首领凌十一和闵廿四被任命为前锋,朱宸濠领大军随后,回师南昌。

大战鄱阳湖

朱宸濠起兵造反未遂

正德十四年(公元1519年)七月二十四日,王阳明和朱宸濠,在鄱阳湖狭路相逢。

2B青年欢乐多,山贼闵廿四心中并无半点关于战局的焦虑,他憧憬着与宁王共坐天下的美好未来,欢乐地带领所属船队一路狂飙,首先到达了离南昌不远的黄家渡,身后的大部队已经被他落下了一大截。

阳明探知军情之后,看了看自己身边的"五虎上将",对朱宸濠徒生了可怜之情,你那一窝杂牌军怎比我这一班赤胆忠心的"知府敢死队"。

"吉安知府武文定、临江知府戴德孺、袁州知府徐琏、赣州知府邢珣何在?"

"有!"知府敢死队闪亮登场。

"命你四人各带军校五百,分前、后、左、右四路共击闵廿四部,出其不意,成合围之势,将其辖制全歼,不得有误!"

"遵命!"知府敢死队领命出帐。

"赣州都指挥余恩,命你率军校四百,往来湖上,故作疑兵,意在扰乱对方军心尔。"

五虎上将派遣出去后,阳明又分派各路兵马埋伏于湖边草丛之中,待对方败逃之时,截住退路。最后,阳明向大家宣布了此役的宗旨:活捉朱宸濠,一个不能少。

古人的优秀是我们难以想象的,一个个正厅级干部带着几百人就去战场上杀敌了,捐躯赴国难,视死忽如归,这让我们现代人是何等的汗颜。

2B青年闵廿四正欢乐地哼着《十八摸》,想着南昌城中的老相好,亲,我又回来了。

这时,一条官船挡住了他的去路,船头站着一个黑脸大汉,闵廿四不认得,此人就是吉安知府、知府敢死队队长武文定。

一时间官船之上万箭齐发,闵廿四命人奋力还击,并使出了宁王刚刚给他配备的新武器——火炮。土匪头哪里用过这种高科技潮流产品,闵廿四见火炮威力巨大,便玩上了瘾,一发接一发,直打得武文定的官船节节败退。

闵廿四想着南昌城就在眼前,便奋力追赶下去,舟借水势,一路前行,他哪里知道,他已经慢慢进入了王阳明提前做好的口袋之中。

突然,闵廿四听到四周喊杀声震天,从前后左右四方分别杀出来一队官船,他的几艘领航的船已然被困于包围之中。要命的是,他船上的火炮业已用光,当下他只有束手就擒的份儿了。

官有官道,贼有贼路。土匪闵廿四打仗不行,逃跑却是个好手,他不等官船靠近,便跳入湖中,弃船逃命去了。

看着落汤鸡闵廿四,朱宸濠恨不得把他炖了,但眼下急需用人,他不得不强压怒火,佯作安慰。胜败乃兵家常事,老兄不要挂怀啊。王爷我有的是钱,有的是兵,来呀,去调南康、九江两地的兵,听凭冕将军派遣。

朱宸濠还不知道,南康、九江的援军已经来不了了,王阳明早已派另两位知府袭取了二地,知府敢死队威力震天下。

现在,朱宸濠穷得只剩下钱了。当晚,他召开誓师大会,许以重金厚禄,宣布第二天要跟王阳明决一死战。

翌日清晨,朱宸濠率部倾巢而出,两军会战于八字脑。

阳明站在船楼之上,耳边炮火声、喊杀声、战鼓声伴着鄱阳湖的水声,不绝于耳。

我本一介书生,苟全乱世,不求闻达,奈何命运将我置于这血光迸溅的战场之上。阳明放眼望去,鄱阳湖水已是血浆一般,他在心底不断催促自己,要立刻结束这场惨剧。

射人先射马,擒贼先擒王。

阳明吩咐手下人,传令武文定,在混乱之中一定要找到朱宸濠的座船。

此刻,大将武文定正像一个标杆一样立于最前列的船头之上,须发尽燃而面无惧色,敌军见此情景,皆不敢近前与之战。文定得令之后,立刻调转船头,东突西进,不多时就摸到了朱宸濠的座船位置。

接到回报后,阳明一声令下,向朱宸濠开炮!朱宸濠的座船登时就成了个大火球。

朱宸濠刚才还在远处观看须发皆燃的武文定,没过多少功夫,自己也被点了。宁王爷再无恋战之心,只觉逃命要紧。但显然为时已晚,武知府的刀不知不觉就架到了自己的脖子上,朱宸濠抬起头看了看一脸血污的武文定,惨然无语。

朱宸濠从起兵到失败,总共不过四十二天,但着手准备却用了十多年的时间。十多年的心血,因为一个王阳明而毁于一旦。因此,当士兵将他押解到王阳明面前时,朱宸濠只讲了一句话:"悔不听娄妃之言,乃有今日。望先生派人打捞她的遗体,好生安葬。"

这回王阳明终于点了点头——不为朱宸濠,而为娄一斋,娄妃是娄一斋的女儿。

伍文定带着几个士兵抬着一个大箱子进来,打开一看,全是朱宸濠结交、贿赂朝中大小臣僚的信件。

伍文定支开众人,请示王阳明怎么办。

这个举动充分显示了伍大人不仅会打仗,而且会做官。

王阳明看都没看,大手一挥,道:"烧掉。"

抓住同僚或上级的把柄固然对自己有利,但却不利于朝局的稳定。

然而,王阳明这一光明磊落的大度之举并没有给他带来任何实质性的回报,反而让他失去了日后与奸党较量的优势。

一场真正致命的考验正在前面等着他。

不怕皇帝没文化,就怕皇帝爱打仗

自从"土木堡之变"后,明朝的官员们集体阳痿了,他们谈战色变,惧怕各种形式的武装冲突,尤其惧怕的是皇帝亲征,也难怪,皇帝被俘这事,搁谁也伤不起啊!

然而历史就好跟人逗闷子,越怕什么,就越来什么。文官们在经历了明孝宗的短暂正常统治之后,迎来了一位好战的皇帝——朱厚熜。这个正德皇帝,我在前面已经隆重推介过了,总的说来,这个人除了当皇帝,什么都想干,尤其是喜欢舞刀弄枪,不然,后人怎么赠他"武"的庙号呢。

在正德皇帝平民生活的实践教育基地"豹房"之外,尚有一处"虎房",具体位置就在如今北京南城的虎坊桥一带,这个虎坊堪称爱国主义军事教育基地,因为正德皇帝为了有一天能够上阵杀敌,就一直在此练习骑射功夫,还有一种爱好,就是亲自和老虎搏斗,有一次在跟老虎切磋武艺时,险些命丧虎口,多亏了身边的一个叫江彬的侍卫眼疾手快,这才虎口拔牙,把正德皇帝生生拔了出来。

从此，江彬这个人进入了正德皇帝的生活。俩人一个喜欢胡闹，一个懂得胡闹，一拍即合，如影随形。

在江彬的鼎立协助下，正德皇帝投身到了如火如荼的军事事业中，他在宫廷里操练的士兵最多达到了万人以上，经常穿着盔甲亲自带士兵们操练，呼喊声和炮声在紫禁城九门外面都能听到。

对文官集团来说，这已是极大的荒唐了，而更可怕的是在练兵中慢慢有了些心得的皇帝，开始有意无意地表现出御驾亲征的兴头来。患有群体性土木堡后遗症的文官们一直企图熄灭小皇帝心中的欲望之火："陛下，你还没补钙呢！"

但是，机会悄然而至。正德十二年，蒙古达延汗率领五万骑兵入侵山西方面，正德皇帝听到奏报后，眼都蓝了，亲征，朕要亲征。

已经集体补过钙的文官集团自然是身强体健，一个个不辞辛苦跪在皇帝面前谏止御驾亲征。就在此时，从来不按常理出牌的正德皇帝又做出了一件完全超出了大家想象力的事情:既然身为帝王无法亲征，那我自己封自己一个官儿，再派这个官儿去，总该可以了吧……

跪在那里的众官员们瞠目结舌面面相觑，当他们目送"总督军务威武大将军总兵官"朱寿，雄赳赳气昂昂的离开北京城的时候，才意识到，自己该吃的是脑残片。

"朱寿大将军"到达居庸关后，守关的御史张钦不让他出关。他只好等了几天，等张钦出巡时才敢微服出关。心有余悸的皇帝出关之后立刻命令边防军堵住关口，不许让任何文官出关相随。这场战争持续了四个月，本身的过程倒是酣畅淋漓许多。十月，蒙古军五万余人出现在如今以木塔闻名的山西应县一带，正德皇帝随即亲自布置方略决战，同时命令户部拿出一百万两白银准备赏赐立功将士，户部却和皇帝讨价还价，最后只同意拿出五十万两。大概早已被文官集团弄得没有脾气的皇帝没有计较太多，马上披挂上阵，亲自率领一军从阳和出发援救出当时一度陷入被分割包围状态的明军主力。当晚，他与普通将士一起在应州城外临时建的军营里过夜。第二天蒙古主力又来，双方大小百余战，战况十分激烈，武宗在前线的战车曾险些被包围。两军从早晨一直打到晚上，在始终保持着高昂士气的明军面前，骄横的蒙古骑兵自度难以取胜，主动撤离了战场。

这次作战被称为"应州大捷"。战争在历史的长河之中折戟沉沙，给我们留下的只有一些干瘪的文字。《明史》对于这场大捷记载的战绩是，斩敌军首级十六，而我方自身的损失是亡五十二人、伤五百六十三人。

没有搞错吧？

历史远去，谁又知晓。

就算这两拨人是赤手空拳的群殴，好歹也是几万人打了好几天啊……

我们有理由相信，这是个彻底的阴谋，史笔就把握在文官们的手中，他们想怎么书写，那是他们自己的事情了。

只是有一点是没有疑问的，无论官方还是私人记述都明确承认，在正德一朝剩下的时间里，蒙古的铁蹄再也未曾大规模踏入明帝国的疆土。

一朝天子一朝臣，明代的天子与朝臣之间的关系就是如此微妙。封建政权及其文化典章制度已经发展到了空前完备的程度，这种完备，甚至都不需要一个管事的皇帝了。

刘瑾弄权的正德初年，皇帝完全撂挑子，但大明朝的各项事务仍在有条不紊运转之中。这是因为明帝国真正的权柄，在绝大多数的年代里仍牢牢操持在文官集团的手中。在以后的万历年间，万历皇帝十几年没有上朝，大臣们照旧该做什么做什么，每天活蹦乱跳地勤于公务，就跟没有皇帝这人一样。

这样一个空前强大的文官集团对于皇上唯一的要求，其实就是，你哪里凉快哪里呆着去，别给我们添乱就行了。

但是，朱厚照有点缺钙，却没有失忆，他还记得自己是个皇帝，因此就要时不时地出来恶心一下那些在他看来道貌岸然的大臣们。应州大捷之后，朱厚照发现，大臣们仍然不拿自己当盘菜，因此，他又在等待时机，下一次御驾亲征，我一定要生擒贼首，青史留名。

青史留名的是王阳明。此时，他已经生擒了朱宸濠，平叛的捷报已经放在了王琼的书案上。

朝野上下闻讯,无不拍手称快,就连平时不太待见王阳明的首辅杨廷和也觉得松了一口气,暗自有些感谢这个羸弱的书生了。

可是有一个人却抑郁了。此人就是江彬,作为皇帝身边的大红人,他也收了宁王的一些好处,这下宁王被生擒,他开始忧心自己的将来了。小人江彬,此刻恨不得一把抓住朱宸濠,将其碎尸万段,免得他说出自己的秘密来,可是,王阳明却把他生擒了。

比江彬还着急的是朱厚熜,什么,生擒这么欢乐的事却被王阳明抢先了,我是皇帝,好玩的应该是皇帝 first!

于是,朱厚熜和江彬两人商量一番之后,决定按下捷报不宣,即刻启程征剿朱宸濠。

总督军务威武大将军镇国公朱寿,在文官们一次又一次排山倒海的反对声中出发了。

唧唧歪歪的大臣们一律留守京师,许泰为副将军,张永张忠提督军务,爱打仗的正德皇帝就这样带着京军一万多人浩浩荡荡,直奔江南。

一路之上,朱厚熜又接连收到了王阳明的几封谏止皇帝亲征的捷报,朱大将军一致态度是:我没看见!

朱厚熜装盲人装得很欢乐,与此同时,江彬也欢乐起来,他不再顾及王阳明那里会不会泄露他与宁王的关系,他的心里升腾起了新的希望。人永远也不懂得满足,这次,江彬想要的是朱厚熜的江山。

有了这个新目标之后,江彬开始给朱厚熜画圈了。

一路之上,江彬带着朱厚熜吃喝玩乐,大肆挥霍,这是他的第一步,要把皇帝的名声搞臭,要把民心搞散。不难看出,江彬虽是一介武夫,却有几分机谋。

第二步,江彬打算先对付那个讨厌的王阳明。

王阳明对于江彬来说并不陌生,关于王阳明的种种传说,这些年不绝于耳。这个学术超男兼剿匪专家对于江彬来说,就是一座大山,先要除掉他,才能对付皇帝。不然,要是先把皇帝搞掉,那接下来自己非得被王阳明刮了不可。

机会来了,正德十四年九月,王守仁再次上奏,这次他提出了一个要求:希望能够将朱宸濠送到南京,在那里举行献俘仪式。

阳明心里明白,这个2B皇帝要的就是面子,举行一个盛大的仪式,到处都是鲜花和掌声给足他面子,应该可以了吧。

还没等朱厚燳说话,江彬就提出了反对意见,一个仪式怎么行,陛下是要真刀真枪地干一仗啊。朱厚燳此时疑惑了,人都抓到了,仗还怎么打啊。

把朱宸濠放回鄱阳湖,然后陛下您再抓一次。亏得江彬想出这等亘古未有的馊主意。

江彬为何非要去江西呢?因为他知道,江西初经战乱,民生凋敝,若是此时京军一到,必然会造成军民矛盾,百姓自己还没吃的呢,哪有供养军队的呢?一时混乱起来,局面失控,江彬就可浑水摸鱼,实现篡权的大计了。

而阳明的隐忧也正在于此,他似乎尚未察觉江彬的阴谋,但是他却预见到了京军入赣的混乱局面,江西再也经不起折腾了,他决不能让他们踏入江西。

对于江彬的提议,朱厚燳自然是赞同的,怎么炫怎么玩,鄱阳湖大战,哦耶!

王阳明接到命令之后,肺都要气炸了,老子不干了,你爱找谁胡闹就找谁去吧。

但是,历经沧桑的王阳明又迅速冷静下来,他不能眼睁睁地看着江西的百姓再遭受一次洗劫。于是,他马上动身,带着朱宸濠,直奔杭州。因为,他知道有一个人已经领着皇帝的先遣队到达了杭州。

这个人,就是曾经扭转和将要扭转大明朝命运的一个太监——张永。

对,就是他,正德五年跟杨一清联手除掉了刘瑾。

张永是王阳明的最后一根救命稻草。

心学大师王阳明相信,能除掉刘瑾的人,内心深处一定是善良和光明的。

可是,历史上从来就没有几个能为了革命事业抛头颅洒热血的太监。最光辉的太监形象莫过于蔡伦,伟大的四大发明的作者之一,可是细究其为人,真是卑劣到了极点。这是和太监的生理特征有关的,太监心中没有别人,个人的利益高于一切。

张永也高尚不到哪里去,他除掉刘瑾,初衷就是为了自己免受排挤,刘瑾就是个权力斗争的牺牲品。

因此,听说王阳明来了,张永随即吩咐下去,闭门谢客。

这些对付凡人尚可的办法,对付起圣人来,却捉襟见肘。

经过二人太极拳过招四十八式,张永最终败下阵来,他不得不为阳明的人格魅力所倾倒。最终的结果是,张永接收了烫手的山芋朱宸濠并决心将自己和阳明之间的友情进行到底。而王阳明呢,卸下朱宸濠这个大包袱,自己游西湖去了。

江彬在途中得知王阳明带着朱宸濠离开了江西,立刻派锦衣卫去拦截他,朱宸濠对于他来说,是块肥肉,他早就想把他炖了。

然而,几天之后,锦衣卫悻悻地回来了,报告说,王阳明已经把朱宸濠交给了先期到达杭州的张永。

江彬气急败坏,但他很明白,张永先生惹不得,要是撕破了脸,自己也没好果子吃,搞不好跟刘瑾一样被人刮了,多疼啊!

于是这个小人开始编造谣言,说什么王守仁与朱宸濠本来是一伙的,因为王守仁跟朱宸濠起了内讧,才临时起兵反了朱宸濠的鬼话,还派人四处传播,混淆视听。

这话虽然荒诞不经,但反叛一词传到任何一个皇帝的耳朵里,当事人都是不太好过的,关键时刻,张永挺身而出,他星夜由杭州赶赴南京,带来了朱宸濠,也带来了王阳明的希望。

他向朱厚照讲述了王阳明如何剿匪,又如何平乱,几经波折,几经磨难。最后他气愤地说道:"王守仁如此忠臣,国之栋梁,为何要受到如此中伤?天理何在!"

朱厚照一听,此人哪里是叛臣,明明是个大大的忠臣嘛!当即下令:"王守仁立刻复命,即日起为江西巡抚,按时到任,不得有误。"

江彬只好在一旁眼巴巴地看着正德皇帝给王阳明封了官。一计不成，又生一计，江彬立刻派亲信张忠、许泰带着部分京军火速前进，命令二人要赶在王阳明回去之前到达江西。

正德帝"勇擒朱宸濠"

张永把朱宸濠交给了朱厚照，按说朱厚照应该高兴了吧，正德皇帝御驾亲征，朱寿将军生擒叛贼，也够后人说古的了。可朱厚照偏是个不高兴，弄得身边的官员们都成了没头脑。还是江彬擅于揣度圣意，无他，一起胡闹尔。

于是，在江彬的撺掇之下，皇帝又要玩一把新鲜刺激的游戏——南京城外，勇擒叛贼。

正德十五年八月，朱厚照为首的皇家旅游团浩浩荡荡地来到了南京城，这拨人一路上吃喝玩乐，调戏官员，愚弄百姓，南京的大小官员们早就心中有谱了，他们到了南京，也干不出什么光彩的事情来。

可是，朱厚照的行事风格还是大大超出了这些养老院官员们的想象力。

什么？皇帝要把朱宸濠放了再抓一次？南京兵部尚书乔宇接到这个命令后，眼珠子都快掉出来了。

乔宇意识到，这件事不是那么容易办的。因为王阳明平叛的事情南方已经尽人皆知了，这样在搞一次"生擒"活动，人们的疑惑如何解释，更重要的是，之前王阳明呈给兵部的捷报，不就成了谎报军情了吗？

焦急之下，乔宇派人去找江西的王阳明商量对策。王阳明微微一笑，大笔一挥，重新写了一份捷报，再让来人带了回去。

乔宇展开阳明的捷报，一个英明睿智神武的千古一帝的形象跃然纸上。乔宇甚为叹服，原来王阳明还有这等拍马屁的好功夫。阳明哪里是拍马屁，他是想让这个皇家旅游团早早打道回府，才不得不违心地写了一份假捷报让皇帝放心。阳明还嘱托乔宇，皇帝要怎样，就由他去吧。言外之意就是，让他快折腾完了早点滚蛋！

于是，八月癸巳，"受降仪式"在南京礼部尚书乔宇的主持下隆重召开了。

八月的南京，阳光灿烂，彩旗飘扬。与会代表身着崭新的军装分两班站立，神情庄重。午时整，大明皇帝朱厚照出现在主席台正前方的空地上，只见他金盔金甲，外披明黄战袍，胯下赤兔马，手握亮银枪。在他示意了手下之后，对面也杀出一匹战马，战马上亦端坐一员猛将。此时，战鼓响起，朱厚照催马朝那人杀将过去，那员猛将似无还手之力，哦，不对，手好像还被绑着呢！

可怜朱宸濠也是有胆有识有魄力的真男人，竟然沦落到陪着个弱智玩这种弱智游戏。

朱厚照还未靠近朱宸濠，周围的兵将们便一拥而上，将朱宸濠按倒在地，然后大喊，圣上生擒朱宸濠！万岁万岁万万岁！

这时，在主席台前排就座的乔宇和南京六部大臣也哭笑不得地起身鼓掌，共庆皇帝陛下的伟大胜利。

乔宇这边陪着疯子皇帝玩没头脑和不高兴的弱智游戏，王阳明那边也好过不到哪去。

虽然的京军的大部队没有进入江西，张忠和许泰早已带着几千人，先于王阳明到达南昌了。不出阳明所料，京军一到南昌就展开了搜刮活动。在他们的心目中，宁王府简直就是个大宝藏，可走近一看，断瓦残垣，都能拍《唐山大地震》了。于是，他们把目标转向了民间，这才是王阳明最担忧的事情。

王阳明后脚到了南昌之后，当地官员便成群结队地前来诉苦，京军扰民，他们束手无策。

王阳明觉得，还是对付皇帝那一招，赶快让他们滚蛋。

怎么办？王阳明还没想出赶走那些京军的方法，张忠、许泰倒自己送上门来了。

在南昌的这些日子里，张、许二人也过得不太顺心。本以为可以带着弟兄们捞点好处，毕竟这年头，谁出趟差不捞点外快呢，可是没成想这差出得堵心，金银财宝一点没有，连差旅费都快发不出来了。

二人来到巡抚衙门，张嘴就找王阳明要钱。

宁王的钱呢?

打仗打没了,阳明冷冷地回答。

宁王的账本呢?

烧了,阳明依旧冷冷地回答。

烧了！张、许二人一听就急了,要知道,这是江彬交给他们的任务,一定要搞到宁王的账本,因为那里藏着他们许多不可告人的秘密。

张忠、许泰愤怒了,他们商量着要给王阳明一点颜色看看。

一个阳光明媚的下午,张忠突然来请王守仁观看京军训练,王阳明不知他们葫芦里又装了什么药,不管怎样,先去看看好了。

只看看是不行了,还没等王阳明在教练场站稳脚跟,这边许泰已经把一副弓箭递了过来。

我们正在练习射箭呢,大人也来试试吧。

王阳明看看弓箭,看看许泰,再看看张忠和他身后那些窃笑的京军们,什么都明白了,原来你们是来让我出丑的。

阳明脸上现出一贯的表情,微微一笑,接过了弓箭。

在京军们轻视的目光中,王阳明走入了射箭场,搭箭,拉弓,弓满,箭出。

十环(中红心)。

四周鸦雀无声。

他深吸了一口气,从箭筒里抽出第二支箭。

拉弓,弓满,箭出。

还是十环(次中红心)。

张、许的表情开始扭曲了,而他们身边那些不明就里的兵士们则来了劲头。

第三次拉弓,弓满,箭出。

依然是十环(三中红心)。

这时,兵士当中爆发出了潮水般的欢呼声。人们这才想起来,眼前这位羸弱的书生,不久前刚刚平了宁王之乱,真是名不虚传啊。他们哪里知道,在遥远的几十年前,王阳明曾策马扬鞭于居庸关外,也曾威风凛凛,也曾放浪不羁。

张忠和许泰算是栽了,他们除了感到很没面子外,更有一种从心底里袭上来的恐惧,这种恐惧来自于一个凡人对于天才的仰视,凡人永远不能与天才抗衡,王阳明的魅力只给他们留下了一条路——班师离境。

最着急的莫过于江彬了。

张、许二人办事不利,灰头土脸地回来复命,有了王阳明,江西是搅不乱了。皇帝游玩的兴致也平息了许多,自从受降仪式之后,朱厚照觉得功德圆满,准备打道回府了。

江彬自己的计划怎么办,照这样下去,江山没得到,自己先要被王阳明玩死了。

夜阑人静之时,江彬揽衣而起,徘徊庭中。此次江南之行的一幕幕在他脑海之中过着电影,一个响当当的名字一次次敲打着他的内心,王阳明!王阳明!王阳明!

江彬对月长叹,既生江彬,又何苦再生个王阳明!接下来,他做出了最后的决定,那就是——放弃。他反复思量,只有身边的这个贪玩的皇帝好好活着,自己才能过上幸福生活。一旦他有什么三长两短,首先倒霉的就是他江彬自己。王阳明是神不是人,江彬已无力与一个神过招了。

但这个世界就是这么好耍人,江彬有异志的时候,皇帝活得好好的;当他下定决心跟定皇帝哥哥的时候,正德皇帝却死了。

这个宿命之地叫做清江浦。

正德十五年(1520)九月已巳,朱厚照在归途之中路过这个地方。贪玩的皇帝立刻对这个山明水秀的钓鱼场所来了兴趣,他坐上一只小船,来到湖中央。突然,他落入水中。身边的太监随从立即跳下水七手八脚地把他捞了上来。

然而,奇怪的事情在后面,本来身强体健的朱厚照自此一病不起,次年三月,大明正德皇帝病死于北京。

皇帝驾鹤西去,地球人都知道,江彬的死期也不远了。果然,皇太后张氏、内阁首辅杨廷和,利用颁布遗诏的机会作出了一系列矫弊反正的决定。乘江彬入宫觐见太后之机,立即逮捕了他。随后从其家中抄出黄金 70 柜,白银 2200 柜,其他珍宝无数。世宗即位后,江彬即被处以磔刑。五马分尸,比刘瑾还惨。

致良知

这些谁生谁死的事对于王阳明来说,已经意义不大了。即使是国丧,也不能影响他最爱做的一件事情——讲学。

自从送走了皇家旅游团之后,江西算是安定下来了。阳明作为新任的巡抚,那些休养生息的安民事宜自然是做了不少。政通人和之际,王阳明于白鹿书院重登杏坛,这次,他开始讲授一个新的题目——致良知。

正德十六年(1521)正月的一天,王阳明和弟子陈九川一起闲庭信步。

突然,一向乐观平和的王阳明竟仰望天空,喟然长叹。

陈九川关切地问,平叛纷扰已过,现在江西境内风平浪静,先生又为何事烦忧?

阳明叹道,乱我心者,非尘事也。

他告诉陈九川,自己感叹的是"致良知"这个道理,是何等的简易明白,可是这样的道理却经历了几百年的沉埋不显。

陈九川便宽慰先生说,导致这一弊病的原因是宋儒"认识神为性体",他们把外在知识的习得当成了心灵道德的拯救,可是现在"先生拈出良知二字,此古今人人真面目,更复奚疑"。(陈九川的经验告诉我们,即使拍马屁也需要专业素养。)

这马屁拍得阳明很舒服,他便说,虽然是这样,可是这就仿佛被别人占了真理制高点很久,现在只能用子孙滴血认亲的激烈方法,重新寻根问祖,用良知二字阐明"千古圣圣相传一点滴骨血也"。

显然,阳明的这种自信不是学生拍马屁拍出来的,他是真诚地认为自己的

"致良知"之说得了孔孟的真传。

传统很重要。

古代中国思想,总是要由历史和传统来支持其合理性和权威性的,韩愈以后,特别是宋代以后的儒家学说就特别重视所谓"道统",也特别注意建构一种从自己上溯圣贤的历史。而悟到了"致良知"的王阳明相信,他比程朱更亲切地扪摸到了孔子、孟子以来的真理的脉搏,因此也坚信,自己才继承了儒家的真传。

在不久前,他给学生邹守益写信说:"近来信得致良知三字,真圣门正法眼藏。往年尚疑未尽,今自多事以来,只此良知无不具足。譬如操舟得舵,平澜浅濑,无不如意,虽遇颠风逆浪,舵柄在手,可免没溺之患矣。"

是的,阳明经历一番纷乱之后,南赣匪寇的穷凶极恶、朱宸濠的来势汹汹、正德皇帝的匪夷所思、江彬一系的仗势弄权、杨廷和的老辣、张永的坐观、王琼的力挺,一切一切,都尽收眼底。

面对形形色色的万千世界,阳明如何能临危不乱、威武不屈、恃宠不骄,他现在悟得,全凭这"致良知"三个字。在阳明看来,这三字就是孙悟空的如意金箍棒,逢山开路,遇水叠桥,保你大路朝天。

致良知是什么?如此重要!

王阳明说,良知之说,只说得个即心即理,即知即行,更无别法。

是的,心即理,知行合一,这就是致良知。

搞不懂了!前面不是已经说过了吗?难道阳明也喜欢炒冷饭。

方法论是个重要的事情。

阳明曾经多次激动地描述他一口道尽这千古圣学之秘的心情:"吾良知二字,自龙场以后,便已不出此意,只是点此二字不出,与学者言,费却多少辞说,今幸见此意,一语之下,洞见全体,真是痛快!"

自龙场以来,他一直有一种有话说不出来的感觉,于是,他先说"心即理",后又讲"诚意",再讲"知行合一"。大方向、基本路线是一致的,但归根到底,都不如"致良知"一语之下洞见全体,既包含了本体又包含了方法,又简易精一。

阳明曾对陈九川说过:"尔那一点良知,正是尔自家底准则。尔意念着处他是便知是,非便知非,更瞒他一些不得。尔只不要欺他,实实落落依着他去做,善便存、恶便去,他这里何等稳当快乐!此便是格物的真诀、致知的实功。若不靠这些真机,如何去格物?我亦近年体贴出来如此分明。初犹疑只依他恐有不足,精细看,无些子欠缺。"

这个良知就是"天理良心",而这个良心是既在每个人心中又是先验的不以个体的人为转移的天理。

良知是每个人的人心。

良知是昭彰的天理。

良知是试金石,是指南针,是检验真理的唯一标准。

那么,如何致良知?阳明总是告诉学生们,不能行的知不是真知。

是的,要做到知行合一,才能致良知。

本体境界必须靠实功夫才能达到,是个本体论与工夫论必须合一的问题。

不要小看阳明的这种混合的功夫,他把世界观和方法论统一在一件事情上,给多少在思想里混乱的人们指明了一条简捷而崇高的道路。

这个世界,哈姆雷特——思想的巨人,行动的矮子——太多了,阳明的"致良知"就是要针对这些痼疾,他大胆地告诉世人,光说不做,等于没说!

妙就妙在,这个"致良知"不但是求诸实践的,而且是反观内心的。

王阳明说过:"知是心之本体,心自然会知,见父自然知孝,见兄自然知悌,见孺子入井,自然知恻隐,此便是良知,不假外求。"心即理,阳明的前提是人心中自然是有良知的,因此,当然要向内心中索求了。

那么,生活在世俗世界中的世俗人们怎能自觉地拒斥外物的诱惑而趋向于心灵的澄净呢?也就是说,人要怎样在内心中致良知呢?

王阳明在《答陆原静书》中说道:"心之本体无起无不起,虽妄念之发,而良知无不在。"他肯定地说,良心是心的本体,而且它就是"未发之中",而没有萌动的心本体是永恒的"无起无不起"的状态,尽管"已发"后有种种的妄念,但那个永恒的良知却仿佛在深处,始终保持了它原来的澄明,于是,人只是应当返身去体验这份澄明境界。

如何体验？阳明又告诉他的学生，要"慎独"。他说慎独是自觉地保持自己心灵的明澈，而与之相对的"戒惧"，是被动地靠外在约束。只要"戒慎不睹，恐惧不闻，养得此心纯是天理，便自然见"。

这种既没有紧张又没有恐惧的心灵，就是纯然的天理境界。在这套理论中，依稀可见那个于大风大浪之中岿然不动的阳明子，无论处庙堂之高，或是江湖之远，无论身临险境还是屡遭讥谤，阳明始终保持着一种纯净的心灵状态，不急不怯，不骄不躁，这不是任何外部约束或者恐吓能够达到的，这全然来自于内心。"有意于求宁静，是以愈不宁静"，发自内心的，才是真的宁静。

致良知就是要保护好内心本来的那种澄明的状态。

嘉靖四年已酉，阳明给学生魏师孟写扇面，也算是给"致良知"之说的一种总结吧：

> 心之良知是谓圣。圣人之学，惟是致此良知而已。自然而致之者，圣人也；勉然而致之者，贤人也；自蔽自昧而不肯致之者，愚不肖者也。愚不肖者，虽其蔽昧之极，良知又未尝不存也。苟能致之，即与圣人无异矣。此良知所以为圣愚之同具，而人皆可以为尧舜者，以此也。

忠奸贤愚，盗跖颜渊，都是这"致良知"之差。

人人皆可为圣，只是看你如何致良知了。

白鹿书院

江西庐山五老峰下，那苍松掩映之下的僻静之所，正是阳明的心仪之地——白鹿书院。

白鹿洞本是唐人李渤的读书之所。传说贞元中，李渤隐于庐山，平时除了读书之外，还有个业余爱好——养宠物。古人的宠物绝非今日的猫狗所能比

位于江西庐山五老峰下的白鹿书院

拟的,李渤就养了一只通体洁白的小鹿,白鹿温顺贤良如美女,李渤因此无比陶醉,时常向友人吹嘘,并给自己起了个外号叫白鹿先生,看来是以白鹿为夫人了。后来,李渤当了江州刺史,便在此地修建了白鹿书院。

后来,白鹿书院的名气越来越大,普通青年为书而来,文艺青年为景而来,2B青年为鹿而来,全国各地的青年学人们都怀着各自的梦想来到白鹿书院,其中也不乏许多名人、大腕。

与王阳明休戚相关的是两位大腕——朱熹和陆九渊。南宋淳熙六年(1179),朱熹出任南康太守(治所在今九江星子县),他将白鹿洞书院修葺一新,并亲订洞规,置田建屋,延请名师,亲临讲课。淳熙八年(1181),他的学术死敌陆九渊也来到白鹿洞书院讲学,史称朱陆二人的"白鹿洞之会",书院也凭着名人效应,又火了一把。

循着朱陆的足迹,王阳明登上了白鹿书院的讲坛。一生沉醉于讲学的他,在这"海内第一书院"的三尺杏坛之上,如蛟龙入海,纵横驰骋。

台下的学子们更是如醉如痴,耳边是阳明先生温软的话语,"心即理"、"知行合一"、"致良知",这一切皆如春风化雨般滋润着这些如饥似渴的学子们。他们仿佛透过白鹿洞千年的院墙,看到了苍山之中的无数先贤的身影,朱晦庵的抑郁与执着,陆象山的明快与清新,古人的思绪已随风而化,阳明先生的思想才是普照大地的万丈光辉。

为了更好地开展思想改造活动,阳明还将自己手书的《修道说》、《大学古本序》、《中庸古本》、《大学古本》刻于洞中的石碑之上,学子们天天耳闻目见的都是心学。他们不曾想到,是他们,这些白鹿书院的学子们,在阳明先生的身后,将会掀起中国古代历史中一次最伟大的思想解放运动。

阳明的学生多官宦权势之人,虽俯身向学,但大多是执掌一方的高级公务员。而在这些遍身绮罗的权贵之中,一个穿着简朴的学子却格外引人注意。他不似他人只是专心听讲,总是爱接个下茬,问个问题,有时还反驳阳明看法,滔滔不绝地讲一段自己的大道理。

其他学子们都很反感这个爱出风头的穷小子,可阳明则对他格外赞赏,阳明仿佛看到了当年那个特立独行、单骑独闯居庸关的王守仁。他还给这个学生改了名字,将原先的"王银"改为了"王艮","艮"为静止之意,阳明觉得,这个小伙儿过了浮躁的年龄,到了中年平和之时,定能成就一番大事业。

阳明由心观人,目光自然锐利。多年以后,这个曾经不羁曾经放浪的学子,承继了阳明的学说,自创了"泰州学派",而晚明的思想解放思潮,也自此而始。

第十章

此心光明

励精图治的皇帝

朱厚熜(1507年～1566年),
早期整顿朝纲、减轻赋役,对外抗击倭寇,
后史誉之谓"中兴时期"

王阳明在这边专心地做他的教书先生,但是在遥远的京城,有人却在惦记着他。这个人,正是初登大宝的嘉靖皇帝朱厚熜。

朱厚熜是兴献王朱祐杬之子。武宗朱厚熜病死之后,由于武宗没有留下子嗣,又是单传,因此皇太后和内阁首辅杨廷和决定,由最近支的皇室,武宗的堂弟朱厚熜继承皇位。

年轻的嘉靖皇帝由藩邸被接入京师之后,便着手废除了武宗时的弊政,诛杀了佞臣钱宁、江彬等,使朝政为之一新,大明朝昏暗了的历史仿佛又透出了一线曙光。

因此,励精图治的朱厚熜在看过王阳明的各种传记资料后,简直不相信自己的眼睛,我朝还有这等的神人,这样优秀的人才不用等什么,赶紧让他进京奉职,不得有误!

那句话怎么说的?客观规律不以个人的意志为转移。

是的,即使这个人是一朝的天子,也不会改变什么。

规律是什么?像王阳明这样的天才,永远不能达到政治金字塔的塔尖。

内阁首辅杨廷和看着这个初出茅庐的小皇上,暗自讪笑,你以为政治是什么?

一部美剧吗?高潮迭起,扣人心弦。

不,它是一部韩剧,又臭又长,没完没了。你必须拿出跟它比寿命的决心来,才能坚持到底。

杨廷和暗地里通知吏部,找个合理的借口,把王阳明操作到南京去,这个人实在不合适在北京混。

不要以为杨廷和是个记仇的小人,确切地说,他跟王阳明根本没什么仇,充其量只是看他不顺眼而已。而杨廷和作为一朝的首辅,也没有小器到看谁不顺眼就贬谁的地步。

老练的杨廷和,太了解官场,太了解政治了。

大明的典章制度和吏制发展到现在,已经相当成熟了,这样的政府,需要的是中等偏上人才,而像王阳明这样的奇才和异类,真的很难融入这一套成熟的体制中去。他的心学在民间虽然遍地开花,而在集权制政府这样的铜墙铁壁之中,结果一定会是被连根拔起。

王阳明接到嘉靖皇帝的调令就立刻启程,但刚刚走到钱塘,吏部的公文就下来了,让他到南京去做兵部尚书。

中国古代士人,自屈原以降,都是贱骨头。

君臣之间的关系绝不是"君视臣如草芥,臣视君如寇仇",而是如同女人对她心仪的男子一样,伤我愈深,却爱你愈切。

王阳明历经三朝风霜,又有心学神功护体,但接到嘉靖皇帝的调令之后,仍然兴奋得如少女一般迫不及待投入对方的怀抱。

然而,历史永远无情,因为它要证明一句话——国家不幸诗家幸!对阳明来说,对大明政府来说,杨廷和的一番行为是大大地不厚道。但是,对于心学来说,愁苦之言易工而欢愉之词难好,王阳明之所以成为今天的王阳明,正是因为他经历了太多的挫折、彷徨、苦闷、无奈,而他的"心即理"、"知行合一"、"致良知"正是从苦难中来翩翩走来,不可断绝。

尼采说,人生是痛苦的。

阳明也意识到,人生中始终跟随他的只有一个伙伴,那就是挫折。

他平静地接受了现实。他没有去南京赴任,而是上了奏疏,回家养病去了。

嘉靖元年二月,王华去世了。

老爷子虽是状元及第,但出名显然是由于养了个宝贝儿子。儿子直谏下狱,自己就遭贬;儿子放逐远地,自己也备受讥讽;儿子领兵平乱,自己却在家里担惊受怕。养了这样一个能折腾的儿子,虽然跟着位尊名显,但除了整日战战兢兢,没有得到任何实惠。

朝廷刚刚因阳明平叛有功,封了王家世袭新建伯,老爷子便撒手人寰了。可惜,文曲星下凡的状元公这辈子是无福消受这等爵位了。

父亲的辞世沉重地打击了王阳明,他想到不久前祖母病逝,自己多次请辞回乡守丧,朝廷竟不许,此次,父亲又离他而去,古人常说忠孝不能两全,阳明此时悟矣。

由于过于悲痛，王阳明大病了一场，自此身体每况愈下，不见起色。

大礼议和桂萼

几十年世事浮沉，伴随阳明的不仅有那些追随他思想的学生们，还有一批用于挑战圣人的"烂人"们，他们前仆后继，一次次挑战着王阳明的能力、学问、智慧以及心理承受能力。先是刘瑾，后有朱宸濠，再有江彬，现在又出现了一个新的人物——桂萼。

阳明之所以为今日之阳明，这些烂人功不可没。

桂萼这个人是个典型的政治投机者。

每一次政治斗争，都会有一批人沉下去，同时又有一批人升上来。而这一次，沉下去的是杨廷和，升上来的是桂萼。

嘉靖皇帝即位后，想借自己九五之尊的地位权力追崇自己业已亡故的生父，然而却遭到了以首辅杨廷和为首的阁臣们的反对，阁臣们的意见很明确：继统必须兼继嗣，世宗应以孝宗皇帝为"皇父"，以孝宗皇帝的皇后慈寿太后为"圣母"，兴献王、妃为本生父母，不加皇。

这个意见显然不对小皇帝的口味，父凭子贵，儿子当了皇帝，老子自然也得封个太上皇了。阁臣他们不但不许加"皇"字追尊，还连父子之名都剥夺了，当了皇帝，连爹都不能认了，岂有此理。

但此时小皇帝初登大宝，羽翼未丰，不敢跟这个庞大的文官集团抗衡，只能自己在背地里生气。

一个政治投机者适时地出现了。

此人名叫张璁，新科进士，但已经四十七岁了。张璁的一则上疏让嘉靖皇帝在黑暗中看到了一线曙光。他在那篇奏疏中很明白地表示，继统不必继嗣，世宗皇帝还是要以兴献王为父考，孝宗为皇伯考，并应追崇兴献王为皇，在京建庙奉祀。

嘉靖皇帝还没敢欢呼雀跃，杨廷和却急了，谁敢如此大逆不道？

于是杨廷和便利用手中的职权将张璁调到南京去做官，迫使世宗在嘉靖元年下诏尊孝宗为皇考，兴献帝、后为本生父母，不称皇。

可事情却远未画上句号，在此后的三年中，世宗接二连三地收到一些下级官员蛊惑翻案的上疏，每一次上疏都给小皇帝增添了一点希望。

终于在嘉靖三年，已满十六岁的皇帝憋不住了。他重新议论起其生父母的地位。由于杨廷和等老臣仍官居要职，他们当然不愿意眼看着将胜利果实拱手相让，于是嘉靖三年秋七月辛卯这一天，京师的一百多名官员集体"伏阙争哭"，结果"帝大怒"，引发了明朝历史上规模最大的一次"廷杖"。没过多久，杨廷和、毛澄、蒋冕等人被迫致仕回家，张璁等人被重新调回京城。九月，世宗下诏，称兴献帝为皇考，章圣皇太后为圣母，以孝宗为皇伯考，慈寿皇太后为皇伯母。于是在接下来的几年，议礼派诸人纷纷攫取高位，逐渐得势。直到嘉靖八年，世宗颁布《明伦大典》，规定"非天子不议礼"。到此，这桩延续了八年的纷争总算尘埃落定。

在嘉靖三年，与张璁一同被调回京师还有一些在南京不得志的中下级官员，风水轮流转，你下我上，这次轮到这些咸鱼翻身了。桂萼就是其中最大的一条咸鱼。他在南京不过是个六品的刑部主事，此次"大礼议"后，他被调入京师，封翰林院学士，嘉靖四年又升詹事府兼学士，很快再升礼部右侍郎。不久，转左侍郎，旋又晋职礼部尚书、调任吏部尚书，加太子太保衔，并升太子少保兼武英殿大学士，升迁之快，史不多见。世人皆鄙他以"议礼猝贵"，言不虚也。

客观地讲，桂萼"锐意功名，勇任事"，也不是个只爱弄权不干实事的绣花枕头，但他在王阳明身上，却没干什么好事。

嘉靖六年初，朝廷接到急报，广西思恩、田州地区少数民族叛乱，两广总督姚镆已经急得火上房了，但因本人能力有限，只好傻呆呆在那里等待朝廷援助。

这时候，刚刚入阁的桂萼跳了出来，他说，派王阳明去平乱，肯定错不了。小皇帝几年前就听说过阳明的神武了，他当即下旨命阳明总督两广及江西、湖广军务,前往广西平乱。

桂萼不是王琼,因为此时的王阳明已今非昔比。多年的肺病已深入肌体,一个五十几岁的病人如何禁得起长途的奔波和蛮夷之地的瘴气。

桂萼想的是自己的功业,他要用别人的鲜血来书写自己的功劳簿。因此,他还为阳明制定了征讨方略,一副运筹帷幄,决胜千里的嘴脸。他指导阳明,要先以屠杀的方式镇住瑶族百姓,然后再去攻打交趾。

阳明的意见呢?

阳明连理都懒得理他,因为他的确不想去平乱了,他考量自己的身体情况,觉得此一役,定是有去无回。于是,王阳明上疏跟皇帝说,我浑身上下都是病,不能出征了。

朝廷跟阳明的关系历来是这样的,你要的我不给,你不要的,我偏给。

无奈,在朝廷的屡次催促之下,阳明只好决定出征。五十六岁、百病缠身的王阳明再一次临危受命,当上了救火队长。

天泉证道

嘉靖六年(1527)九月,天泉桥。

江浙的学子们听说先生又要出征,纷纷前来送行,虽然他们都不会想到,此一别乃是永诀。

年轻人们借着蒙蒙月色,喝酒赋诗,畅叙幽情,少年不识愁滋味,这些志同道合的"聚会狂"们明显是趁着给先生送别的机会前来搞聚会的。舟中望月,桥畔听琴,好不惬意。

突然,大家听说阳明的两个得意的弟子钱德洪和王畿在张元冲的船上吵了起来的,就纷纷过去看热闹。原来二人是为学问而争辩,一个说是四有,一个说是四无,各执已说,相持不下,于是被大家簇拥着去找王阳明评理。

阳明见天色已晚,便吩咐那些看热闹的学子们都回去休息,留下钱、王二人说话。

第十章 此心光明

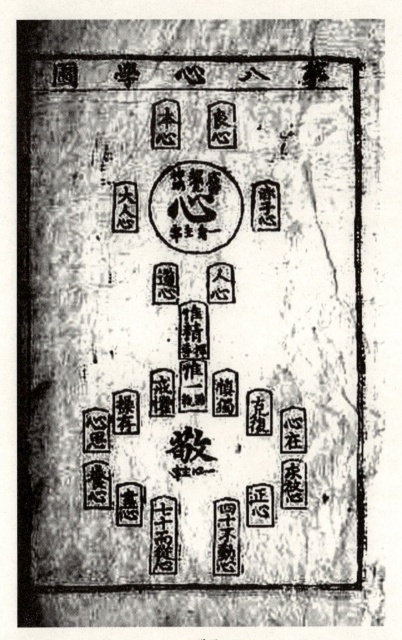

心学图

他告诉仆人将酒桌摆到天泉桥上，创造了一个良好的调停气氛。

月光如水，清风拂面，师生三人坐于桥上，开始了中国古代哲学史上一次伟大的对话。

王畿首先腔了："先生您近来常常教导我们的'四句教'，学生认为还不是究竟话头，学生觉得，心体既然无善无恶，意也就是无善无恶，知亦然无善无恶的知，物亦是无善无恶的物矣。若说意有善恶，毕竟心体还有善恶在。"

钱德洪立刻争辩说："四句教是师门教人定本，一毫不可更易。心体是天命之性，原是无善无恶的。但人有习心，意念上见有善恶在，习染日久，觉心体上有善恶在，为善去恶，格致诚正修，正是复那本体的工夫。若原无善恶，工夫亦不消说矣。"

阳明听了两个弟子的争论，想想自己的四句教：

无善无恶心之体，
有善有恶意之动。
知善知恶是良知，
为善去恶是格物。

阳明的思绪回到了历史上的另一次争辩之中。

作为一个哲学家，阳明懂得，历史常常仿佛轮回，一次又一次地上演同一场剧目，思想的历史中更好像常常在重复前代的辩论同样的正方和反方在讨论同样的话题。

只是他没有想到，这种辩论会重复到他自己的学说中。

王阳明不由得回顾起思想史上相当接近的一幕，这就是七至八世纪中佛教禅宗内部的那场延续了近一个世纪的，关于佛性如何与渐顿的冲突，那个时代关于"时时勤拂拭，莫使惹尘埃"及"佛性常清净，何处有尘埃"的争论，似乎今天，又在他两个学生之间旧调重弹。

无论王阳明自己是否承认，他这种心学思路显然受到佛教的刺激和影响，不过反过来,也刺激和影响了士大夫中佛教的复兴。不过,就像当年南宗禅以简洁明快的"顿悟说"迅速的吸引了相当多的信仰者,也给佛教本身的存在带来了相当深刻的隐忧一样,王阳明的思想也由于它的简捷和高调,给明代人相当的震撼,也给儒家学说自身带来了很大的困扰。

而这种困然,如今具象成了两个学生的争论。他或许也在反思,自己的学说为何可以引伸出两种相当不同却都是非常必然的思路,而这种思路则有可能引出人们道德实践中相当不同的取向。

钱德洪的想法代表着第一种取向,他的原则是严格遵循,"无善无恶心之体,有善有恶意之动,知善知恶是良知,为善去恶是格物",也许,这确实是最接近王阳明本意的,虽然"心即理"已经在理论上把善恶两端都纳在一个本来澄明纯净的心灵中,但是,毕竟他还是承认这种心灵中会显现善恶不同的两端,人们还有责任求知即致良知,追求回归原来清净无垢的"心之体"。

钱德洪的谨慎小心似于神秀,而他的观念也相当接近当年的北宗禅境界,他仍然小心翼翼地坚守着儒家最后的道德防线。

作为一个儒者,阳明当然也是倾向于这种观点的,他曾经反复叮嘱钱德洪和王畿说:"人心自有知识以来,已为习俗所染,今不教他在良知上实用为善去恶功夫,只去悬空想个本体,一切事为俱不着实,此病痛不是小小,不可不早说破。"

正是因为还是要下功夫,所以王阳明以还是像北宗禅一样,相当注意灌溉培植心灵的过程,他曾经对学生说,致良知也是要一天天渐进的,"如此方是精一功夫",就好像种树一样,要慢慢培植成材。如果一下子转向,就好像"有一桶水在尽要浇上,便浸坏他了"。

而钱德洪也在今后的治学当中始终遵循着"四句教"的师门之训,他瞩目处在"良知"中的"知"字,这个"知"与南宗禅的神会所强调的"知"很接近,是能够洞察体验一切却不固执于一切的无上智慧,它是心灵最深处无欲无垢的境界,所以,他提出"君子之学,必事于无欲",因为从理论上说,有善有恶并不是心灵的本体,还是意念发动以后属于经验世界的、可以经由世俗道德判断的伦理，真正的良知应当是意念发动之前心灵无欲的澄澈透明境界，因此还是需要以"慎独"追求"中和"，以"戒惧"追求良知。

但王畿不是这么想的，他的观点代表着第二种取向。

他是从四句教的疏漏发挥开来的。什么疏漏？这个心灵如果它本身就是无善无恶的话，那么它如何会显现出善与恶的两端来？如果说作为本体的"心"由于"意"之动而兼有善恶的话，那么它又如何能够拥有"知"，并确保"善"的那一段可以克服"恶"的那一端，世俗的诱惑，现实的利益加上内在的情欲，为什么能服服帖帖地听从知性的指引，使心灵趋向所谓"良知"呢？

于是，王畿就从"心即理"的预设中引出了另一种思路，那就是"心是有善无恶之心，则意是有善无恶之意，知亦是有善无恶之知，物亦是有善无恶之物"。

表面看来，这一表述并不奇怪，无非是凸显和强调心灵本来就有的"良知"，而且是把良知的"良"字凸显出来，但是，仿佛失之毫厘差之千里一样，就是这一小小的不同，却隐含了一个极大的差异，如果把心意知物统统说成是有善无恶的，等于给心灵赋予了全部合理性，正如南宗禅最后走上"我心即佛"一样，当心灵被如此肯定之后，心灵的所有思虑感觉活动都已经合理化了。

对于王畿的看法，王阳明却并没有反驳，反而对这种思路采取了调和的态度。

他说："二君之见，正如相取，不可相病，汝中需用德洪功夫，德洪需透汝中本体，二君相取为益，吾学更无遗念矣。"

而这种调和的态度，无异于另一种放纵。它为王畿以及后来王学左派的学说发展开辟了一条道路。因为，王阳明想达到的那种平衡，只能存在于理论之中，而实践中常常会有偏向，后来的历史就证明了这一点。

于是，这两种不同的说法就在王阳明之后，也以王阳明学说的名义开始传播。而王畿的学说，以其更加的简明与高调，致使受众越来越多。

王阳明在学问中留下的这种不可避免的疏漏，给后学提供了无限的发挥空间。本来，阳明提出的"无善无恶"的说法，是强调心灵本身对道德伦理意义上的善恶的超越性,而这个心中的善恶还是受到世俗道德标准评价和约束的。一句话,阳明是个纯儒,道德的规范作用,他是总会记得的。

但是,王畿则不是这样理解的。

在阳明身后的日子里,王畿不断把良知这种本体极端地放大,因此,在他的学说中,心灵成了没有恶只有善,因此给心灵的自由放纵留下了相当大的空间,仿佛千年以前南宗禅的洪州宗一系那样,我心即佛心,去追求完全绝对的自由,自然和适意,从而瓦解儒家对于社会、伦理和生活的最后一点责任。

人们有了号称王学的理论指导,行动就愈加自由起来。

由于在理论上肯定了心灵有善无恶的合理性,因此才能使实践上的所有心灵活动都拥有了合理性,可是,因为"无情无欲"只是一种理论上的境界,而生活世界中的人总是"有情有欲"的,于是,这种有情有欲的人就在这种理论合理性背后,打着阳明的旗号,寻找到了释放甚至放纵自己的理由。

不知阳明泉下有知,又是怎样一种复杂的心情呢?

两条路

首先,王阳明的弟子就开始在思想的岔路口分道扬镳了。

其中,主张坚守儒家最后防线,对心灵的放纵始终有警惧之心,希望回归"无善无恶"心灵的,除了对阳明的思想亦步亦趋的钱德洪之外,还有罗洪先。

罗同学强烈主张追求一种"极静"的境界,他敏锐地看到了王学的疏漏,担心人们把"良知"当成一种"固有"的东西,把"已发"的世俗之心混同"未发"的圣贤之心,以至于放弃了致知之功二任其固有。

他批评师兄王畿,说他的学说与老师是明明是两家风气,是使人至于荡肆足以乱天下的。这位仁兄还直接写信给王畿,言辞激烈,态度强硬,他告诉王畿,你这样"终日只谈本体,不谈工夫,才拈工夫,便指为外道",一副要把王畿逐出师门的样子。

王阳明的另一个得意弟子邹守益的态度要温和得多,他要求人们"戒惧以致中和",但他也指出:"近来讲学,多是意兴,于戒惧实功,全不着力,便以为妨碍自然本体,故精神浮泛。"

按照爱发评论的黄宗羲的说法,王阳明的本意是"良知是未发之中"、"慎独即是致良知",这是以"收敛"为主的,而"邹东廓(守益)之戒惧,罗念庵(洪先)之主静,此真是阳明之的传也"。

但历史的发展绝不以众多"有关专家"的意志为转移。

当王学在短短的几十年中在士人中风靡开来的时候,另一种并不被视为王学真传的思路和取向,却更迅速地发酵膨胀起来,其内在的自然主义和追求自由的精神,渐渐越出了王阳明设定的极限,也超越了主流意识和政治秩序允许的边界。

当王学的接力棒交到王畿和王艮的传人手中时,这一派的再传弟子们(尤其是所谓的泰州学派)已经渐渐成了最引人瞩目也是最有吸引力的王学代表,以后的很多王学极端学人,无论是否出自这二王的门下,但他们的思想倾向都是一致的。

他们大都以对当时尊奉的历史传统与社会秩序的抨击和瓦解为目标,他们高举"心即理"的大旗,认为心灵本体检验真理的唯一标准,从而把俗人与圣人、日常生活与理想境界、世俗情欲与心灵本体彼此打通,肯定日常生活与世俗情欲的合理性,把心灵的自然状态当成了终极的理想状态,也把世俗民众本身当成圣贤,肯定人的存在价值和生活意义。

这些企图突破传统的异教徒们,包括何心隐、罗汝芳、李贽等人,他们的思路和行为,就是对传统秩序的一种挑战,他们提出所谓"圣人之道无异于百姓日用",而百姓日用及日常生活不仅被赋予正当性,甚至还被提升为"天性之体",因此,所有的戒惧、用功、提升、超越的意义都统统被消解,他们讽刺用功的人多此一举,戒惧的人仿佛在佛头着粪,鼓吹"率性所行,纯任自然,便谓之道",认为"不屑凑泊"、"不依畔岸",只需"解缆放船,顺风张棹,无之非是",因为他们已经把"心即理"的依据,放大到心的一切都是合理的,这叫"赤子良心",这种天然就是合理的良心,当然不需把持,不需接续,可以不学不虑为的。

然而，这种非圣无法、大胆的理想主义和激进的自然主义，对于久处樊笼的年轻人来说，是格外有诱惑力的。而对于那些富于文学气质的人来说，吸引力就又加了十倍。

晚明那个令人神往的时代，出现了一群特立独行的文人，袁宏道、汤显祖、陶望龄、董其昌……他们无一不是在这种风气和思潮影响下出现的，正如当时人所形容的"好为惊世骇俗之论，务反宋儒道学之说……其学以解脱直截为宗，少年高旷豪举之士，多乐慕之，后学如狂"。

这时，另一部分人则异常地警觉起来。不用说还在沿用程朱理学的官方对他们的施压，即是在儒学内部，这种自我整肃也从未消解过。人们惶恐于这种自由的思潮已经完全超越了传统儒学所划定的道德界限，于是，高攀龙、顾宪成等人就希望用程朱之学来补充和调和王学的过度激烈，希望通过知识世界的重新调整来清理思想秩序，希望重提"格物"来补救王学的蹈虚凌空。

尤其是顾宪成，他指出，由于王阳明及其后学过分的凸显心灵自觉地意义，导致了道德约束力的瓦解，因为心是活物，最难把捉，如以吾心为是非标准，那就成了无星之秤，无寸之尺，将率天下一归于无所事事，所以他们都试图重新引进程朱之学，调和陆王心学，通过对理学的重新解释来清理思想界的状况。

但遗憾的是，来自程朱与陆王的两种思路很难找到一个贯通的理路，最终他们的思路还是不可避免地回到了文化控制，高攀龙要求人们"非四书五经不读，而不得浸淫于佛老之说，非濂洛关闽之学不讲，而不得淆乱以新奇之谈"，最终只能走上钳制的道路。

另一种补救的思路来自王学内部，除了前面说到的江右王门一系，服膺王阳明学说的很多士人，都逐渐发现王学这种过分凸显心灵的弊病，也意识到一旦过分淡化外在监督心灵的"理"，就有可能导致生活世界中充满了各种思虑和情欲的心灵无所底止地自我放任。

因为"知"如果是内在心灵所具有的道德与知识本原，而"理"是外在宇宙的道德与知识本原，那么是一是二，就是儒学中两种思路的分水岭，如果是二，那么外在宇宙的"理"对于内在心灵的"知"是有约束力的，心灵不至于自己放纵二不可收拾，如果是一，那么心灵与宇宙都在一念中，自己是自己的审查者，一旦放纵就无所底止。

因此，刘宗周等一批人也希望以一种道德自律的自觉，来挽救放纵的心灵。

刘宗周这个人很有意思，他发明了一种工科的方法来解决文科的问题——记账。他认为可以用外在的纪录来监督自己的行为，也是为了在自觉上加以外在约束，比如哪月哪天我又干什么事了，他又干什么事了。刘宗周的意思，是让大家彼此监督，共同进步。

实际上，他是开启了一种调和程朱陆王之间，兼重自觉与监督两端，在修养与知识之间追求平衡的思路。

同样另一方面，一些人试图获取更多的经典知识来充当理性的基础，由于需要有客观的知识包括经典中的历史、宇宙等等，来充当真理和正义的支持系统，这样就催生了新的一轮知识主义的风气。总有那么一些人，将某一种思想倾向发展到极端的状态，于是，清代朴学又来接棒了。

旁观人看来，在王学差不多一百年的冲击下，思想界确实已经相当混乱了。

可是，无论我们如何评价王学，我相信，至少明代中后期王学在士人中盛行，给中国的知识、思想和信仰世界带来的，是一种自由的风气，一方面，由于人们趋向于怀疑主义的思路，原本一统的意识形态被各种怀疑态度瓦解，思想世界出现了前所未有的裂缝，知识阶层逐渐建构了相当宽松的言论空间，另一方面，由于陆王之学更加尊重心灵的最终裁判权，所谓"东海西海心同理同"，则使人们趋向普遍主义真理观，又为一个新的多元思想世界提供了基础。

最后一战

后学的分道扬镳，王阳明或许没有想到。此刻他只能预测两件事情——

胜利和死亡。

对于思田之乱,他将其比成藓疥小病,其事至微浅,根本不值得他费神,只要他去一趟,肯定会处理得妥妥当当,胜利是可以预测的。那他为什么要上疏推辞?因为他恐惧的不是敌人,而是自己。

他知道,自己的身体已经承受不住长途的奔波和蛮夷之地的瘴气,于是,他预测了第二件事情,那就是死亡,此去广西,自己必然有去无回。

他想起了那个隐士说孔子的那句话:"是知其不可而为之者与?"

是的,他知道,圣人与凡人的区别就是,凡人知其不可而止,而圣人,则知其不可而为。

王阳明要用最后的一点生命来实现他儿时成圣的诺言,无所畏惧,从容赴死。

嘉靖六年九月,王阳明从越中出发,往征思恩、田州。

这一路,阳明行得有些慢,因为每到一地,沿途的学生们都会给老师举行欢迎会、欢送会。

从浙江到广西,途中又经过江西、广东两省。冥冥中,似乎对于阳明这最后的旅途,上苍早已做好了安排,这从东到西的广袤土地,正是他耕种了一生的地方,他的思想和学说,他的光荣与梦想,他从容平静的人格魅力,都播撒在这片土地之上。

十一月间,王阳明到达了广西梧州,开府办公。

王阳明没有采纳桂萼以杀镇瑶族的建议,而是打算先以抚民开始,等局面稳定下来后,再徐而图之。抚民的工作一直持续到转年二月,而朝廷那边已经等不及了,尤其是桂萼,他新官上任的这把火,迟迟也没有点起来。

正当朝廷那边一再催促王阳明尽快用兵的当口,一封奏疏平息了一切纷争。阁臣们打开奏疏一看,个个目瞪口呆,说不出是什么感觉,是惊讶、兴奋,或是失落?

奏疏的内容很简单,叛军投降了。

王阳明没有动用一兵一卒,困扰了广西将近两年的叛军却突然投降了。

阁臣们都没有心思去庆祝这次轻而易举的胜利了，他们都聚在一起钻研一个问题，王阳明到底有什么威力，为什么他一到，叛军就忙不迭地投怀送抱去了。

王阳明到底做了什么？历史可以告诉我们，他除了例行公务之外，什么也没有多做？

叛军们的投降完全是他们的一种自我解脱行为，他们已然被阳明先生的威名吓破了胆。与其等着王阳明把自己送上断头台，不如投降以求得生机。

漫漫归途

就这样，一切都平息了。

之后，王阳明又用了几个月的时间做了大量利于民生的工作，遴选官吏、推行新政、兴建学校。到了嘉靖七年十月，阳明觉得该做的都已做了，自己也该离开了。

他上疏嘉靖皇帝，请求回乡养病。但是，嘉靖皇帝却没有看到这篇情辞恳切的奏疏，因为桂萼暗地里把奏疏扣下了，此时，一个阴谋已在桂萼心中成型。

王阳明始终等不到朝廷允许他返乡的书牒，在万般无奈之下，阳明只好选择擅自离任了。他知道，自己再拖下去，便要客死异乡了。归途之上，阳明又一再上疏朝廷，表明自己的急迫心情，并祈求皇帝的谅解。

当桂萼看到阳明表示要离开两广军门，只身回家时，阴险地笑了。他于是又把阳明的手本，放到"留中"篮中。王守仁，你这擅离职守的罪名是脱不掉了。可是，连桂萼自己也没有想到，他想要算计王阳明，也再没有机会了。

王阳明离开广西后，还想在广东韶关一带等待皇帝的命令，但他在南宁就添了水泄，日夜不停，两脚因长疮而不能站立，而常年的肺病遇到广西的瘴气，病情已经加重，百病缠身，阳明知道自己时日无多了。于是，他停了几天后，又继续北上，终于千辛万苦地过了梅岭。

越梅岭之后，他们改走水路，沿章水而进。来到江西南安地面，南安推官

第十章 此心光明

王阳明的漫漫归途

周积闻讯赶来迎候老师。

见到卧于舟中的王阳明,周积百感交集,眼前这个老人是那个指点江山的阳明先生吗?是那个文采风流的古越阳明子吗?

嘉靖七年十一月二十九日辰时,公历1529年1月9日8时许,阳明让家童叫周积进船舱来。周积躬身侍立,阳明徐徐睁开双眼,说:"吾去矣。"周积泣不成声:"老师有何遗言?"

阳明微微一笑:"此心光明,亦复何言?"顷之,瞑目而逝。

赣州兵备门人张思聪闻讯追至南安,在近处的南野驿中堂为阳明沐浴衾敛。十二月三日,思聪与官属师生设祭入棺。四日,以舟载棺,奔南昌。

士民远近遮道,哭声振地,如丧考妣。路过南赣,官府迎祭,百姓挡着棺船,拦路痛哭,生我者父母,惠我者阳明先生,今先生仙逝,南赣百姓如何不痛心疾首。

到了南昌,官府人提议等明年再走,于是来祭奠的人们天天从早到晚络绎不绝。

嘉靖八年正月初一,丧发南昌。三日到广信。钱德洪与王畿本来要进京参加殿试,听说先生回来了,迎至与先生送别的严滩,但却等来了棺船。心如刀绞的钱、王二人立刻讣告同门。六日会于弋阳,十日过玉山……二月回到山阴。每日哭奠如仪,门生来吊者日日百余人。书院及寺院的学生照常聚会,就象老师在世一样。门生李琪等日夜不停地在洪溪为先生修墓。洪溪离越城三十里,入兰亭五里,是阳明生前选择的墓地。

嘉靖八年十一月十一日,是阳明先生下葬的日子。门生千余人,披麻带孝,扶柩而哭。吊孝的人们也从四面八方涌来,莫不涕泗交流。不能来的,知道日子的,则在居住地为先生举哀。

王阳明年谱

明宪宗成化八年,壬辰(公元1472年)。九月丁亥(九月三十日),王阳明生。王阳明先祖为晋光禄大夫王览,本琅琊人,后徙居余姚,因此,王阳明本浙江余姚人。王阳明出生当日,祖母岑氏梦神人驾云送儿至,祖父王天叙因此为婴儿起名王云。

明宪宗成化十二年,丙申(公元1477年),五岁。王阳明五岁前不能说话,这一年,祖父王天叙受神僧点化,给王阳明改了名字,王阳明始开口说话。

明宪宗成化十七年,辛丑(公元1482年),十岁。王阳明的父亲王华考中状元。

明宪宗成化十八年,壬寅(公元1483年),十一岁。王阳明随父移居京师。

明宪宗成化十九年,癸卯(公元1484年),十二岁。一日,王阳明遇一相士,相士预言这个孩子将来必成圣人。

明宪宗成化二十年,甲辰(公元1485年),十三岁。王阳明的母亲郑氏去世。

明宪宗成化二十二年,丙午(公元1487年),十五岁。王阳明独自游居庸关,慨然有四方之志。

明孝宗弘治元年,戊申(公元1488年),十六岁。七月,王阳明远赴江西迎娶夫人诸氏。

明孝宗弘治二年,己酉(公元1489年),十八岁。十二月,王阳明携夫人诸氏,由江西返回余姚。

明孝宗弘治五年,壬子(公元1492年),二十岁。王阳明举浙江乡试。这一年,王阳明专心研究宋儒理学,然而"格竹"失败。

明孝宗弘治六年,癸丑(公元1493年),二十一岁。王阳明会试落第。

明孝宗弘治九年,丙辰(公元1496年),二十四岁。王阳明会试再次落第。

明孝宗弘治十年,丁巳(公元1497年),二十五岁。这一年,王阳明在京师,潜心研究兵法,常以果核列阵势为戏。

明孝宗弘治十一年,壬午(公元1498年),二十六岁。这一年,王阳明在京师,兴趣又在养生之道。

明孝宗弘治十二年,己未(公元1499年),二十七岁。王阳明参加会试,举南宫第二人,赐二甲进士出身第七人,观政工部。他还在这一年上疏弘治皇帝,陈述自己关于边关事物的观点。

明孝宗弘治十三年,庚申(公元1500年),二十八岁。王阳明官授刑部云南清吏司主事。

明孝宗弘治十四年,辛酉(公元1501年),二十九岁。王阳明奉命审录江北,事毕,游九华山,并作《游九华赋》。

明孝宗弘治十五年,壬戌(公元1502年),三十岁。王阳明上疏请求回乡养病,获准。

明孝宗弘治十六年,癸亥(公元1503年),三十一岁。王阳明移居杭州西湖养病。

明孝宗弘治十七年,甲子(公元1504年),三十二岁。王阳明主考山东乡试。九月,改任兵部武选清吏司主事。

明孝宗弘治十八年,乙丑(公元1505年),三十三岁。王阳明开始授徒讲学。

明武宗正德元年,丙寅(公元1506年),三十四岁。这一年正德皇帝即位,太监刘瑾弄权。二月,王阳明上疏谏刘瑾事,下诏狱。后被贬谪为贵州龙场驿驿丞。

明武宗正德二年,丁卯(公元1507年),三十五岁。王阳明赴龙场途径钱塘,险些为刘瑾派去的锦衣卫所害。

明武宗正德三年,戊辰(公元1508年),三十六岁。这一年春天,王阳明到达龙场。始悟格物致知之说。

明武宗正德四年,己巳(公元1509年),三十七岁。王阳明应贵州提学副使席书之邀,在贵阳书院讲学。这一年,王阳明始论知行合一之说。

明武宗正德五年,庚午(公元1510年),三十八岁。王阳明升任江西庐陵县知县。这一年三月,王阳明到达庐陵,整顿民风官制,初见成效。十一月,王阳明进京述职。十二月,升南京刑部四川清吏司主事。在京师讲学,论实践之功。

明武宗正德六年,辛未(公元1511年),三十九岁。正月,王阳明调吏部验封清吏司主事。与众学子析朱、陆异同。二月,为会试同考试官。十月,升文选清吏司员外郎。同时,送友人湛若水出使安南封国。

明武宗正德七年,壬申(公元1512年),四十岁。三月,王阳明升考功清吏司郎中。十二月,升南京太仆寺少卿,赴南京途中,回乡归省。一路之上,与爱徒徐爱论《大学》之旨。

明武宗正德八年,癸酉(公元1513年),四十一岁。二月,王阳明一行回到浙江。五月末,王阳明与徐爱、黄绾等人共游越地山水。十月,王阳明到达滁州,管理马政。在滁州讲学布道,怡情山水。

明武宗正德九年,甲戌(公元1514年),四十二岁。四月,王阳明升任南京鸿胪寺卿,滁州士人夹道相送。五月,到达南京,继续讲学布道。

明武宗正德十年,乙亥(公元1515年),四十三岁。正月,王阳明上疏请辞,上不允。过继堂弟之子王正宪为子。八月,因为思念祖母年高,上疏归省。

明武宗正德十一年,丙子(公元1516年),四十四岁。九月,王阳明由吏部尚书王琼举荐,升都察院左佥都御史、巡抚南、赣、汀、漳等处,主要任务是清剿当地匪寇。

明武宗正德十二年,丁丑(公元1517年),四十五岁。正月,王阳明到达江西。先过万安,剿灭流贼。正月十六,王阳明在江西府衙开府。行十牌家法,选民兵。正月至三月间,平漳南匪寇。十月,平横水、桶冈诸寇。

明武宗正德十三年,戊寅(公元1518年),四十六岁。正月,平三浰寇。三月,平大帽、浰头诸寇。四月,诸寇已平,王阳明在江西立社学,继续布道讲学。七月,刻古本《大学》和《朱子晚年定论》。八月,王阳明的门人薛侃刻《传习录》。九月,修建濂溪书院。

明武宗正德十四年,己卯(公元1519年),四十七岁。正月,王阳明上疏请求致仕,上不允。六月,奉命去福建处理叛军哗变事宜。六月十五日,王阳明刚刚行至丰城,就听说宁王朱宸濠反了,便立即返回吉安,集合兵力平叛。六、七月间,王阳明成功平叛,生擒朱宸濠。八月,正德皇帝御驾亲征。王阳明屡次劝谏未果。

明武宗正德十五年,庚辰(公元1520年),四十八岁。八月,正德皇帝演出了"生擒朱宸濠"的闹剧。与此同时,王阳明与张忠、许泰一干佞臣在校场比武,粉碎了他们的阴谋。

明武宗正德十六年,辛巳(公元1521年),四十九岁。这一年,王阳明开始探讨致良知。五月,王阳明在白鹿洞书院开坛讲学,从者甚众。八、九月间,王阳明回家乡余姚省祖茔。十月二日,以平叛之功受封新建伯。

明世宗嘉靖元年,壬午(公元1522年),五十岁。二月十二日,王阳明的父亲王华去世,享年七十岁。王阳明悲伤过度,大病一场,从此身体每况愈下。

明世宗嘉靖二年,癸未(公元1523年),五十一岁。王阳明在越讲学,门人甚众。

明世宗嘉靖三年,甲申(公元1524年),五十二岁。八月,王阳明宴门人于天泉桥,辩致良知之学,史称"天泉证道"。十月,门人南大吉续刻《传习录》。

明世宗嘉靖四年,乙酉(公元1525年),五十三岁。十月,门人在越城西郭建阳明书院。

明世宗嘉靖五年,丙戌(公元1526年),五十四岁。十一月,王阳明的独子王正亿出生。

明世宗嘉靖六年,丁亥(公元1527年),五十五岁。五月,王阳明受命兼都察院左都御史,征广西思、田之乱。此时,王阳明已百病缠身。这一年九月,王阳明在多次请辞未允的情况下,从越中出发,往征思、田。

明世宗嘉靖七年,戊子(公元1528年),五十六岁。二月,思、田之乱被王阳明平息。接下来的几月间,王阳明整治广西,初见成效。十月,王阳明上疏请辞,请求归乡养病。奏疏被桂萼扣下,以至王阳明迟迟等不到朝廷的准奏公文。无奈之下,王阳明只好在没有朝廷批准的情况下踏上了回乡之路。十一月二十八日晚,王阳明在归途之中,卒于江西南安。

明世宗嘉靖八年,己丑(公元1529年)。正月,发丧于南昌。十一月,葬王阳明于越城郊外洪溪。

王阳明语录
——摘自《传习录》

卷上

➤ 于事事物物上求至善,却是义外也。至善是心之本体。只是"明明德"到"至精至一"处便是。

译文:在万事万物上去寻求至善,那就是把道义看成是在心之外的了。至善乃是心的本体,只要"明明德"达到至精、至一的程度就是至善境界。

➤ 心即理也。天下又有心外之事,心外之理乎?

译文:心就是理。天下难道有心外的事和心外的理吗?

➤ 知而不行,只是未知。

译文:知但是不行动,就等于未知。

➤ "格物"如孟子"大人格君心"之"格"。是去其心之不正,以全其本体之正。但意念所在,即要去其不正,以全其正。即无时无处不是存天理。即是穷理。天理即是明德。穷理即是明明德。

译文:"格物"的"格",正如孟子所说的"大人格君心"的"格",是指革除心之不正以保全其本体之正。只要是意念所至之处,就要去其不正以保全其正,就是无时无地不在存天理,也就是穷理。"天理"就是"明德",而"穷理"就是"明明德"。

➢ 知是心之本体。心自然会知。见父自然知孝,见兄自然知弟,见孺子入井,自然知恻隐。此便是良知。不假外求。若良知之发,更无私意障碍。即所谓"充其恻隐之心。而仁不可胜用矣"。然在常人不能无私意障碍。所以须用致知格物之功,胜私复理。即心之良知更无障碍,得以充塞流行。便是致其知。知致则意诚。

译文:知是心的本体,心自然会知。看见父母自然知孝,看见兄长自然知悌,看见小孩落井自然知恻隐,这就是良知,没必要向外寻求。如果良知的生发全无私意来障碍,就是孟子所谓"充其恻隐之心,而仁不可胜用矣"。但是,世人不可能没有一点私意障得,所以必须下"致知"、"格物"的功夫,以克服私意、恢复天理。这样,心之良知没有障碍,得以充塞于内、流布于外,便是"致知",而"致知"就能"诚意"。

➢ 问立志。先生曰:"只念念要存天理,即是立志。能不忘乎此,久则自然心中凝聚。犹道家所谓结圣胎也。此天理之念常存。驯至于美大圣神,亦只从此一念存养扩充去耳。"

译文:我就关于立志发问。先生说:"只要念念不忘存天理就是立志。对此能够不忘记,时间长了,心自然就凝聚到一点上了,犹如道教所谓'结圣胎'。这种天理的意念常存于心,顺而发展到孟子所言的'美、大、圣、神',也只是从这一念存养,扩充而来罢了。"

➢ 日间工夫觉纷扰,则静坐。觉懒看书,则且看书。是亦因病而药。

译文:白日下功夫如果感到繁扰,就应该静坐。感到懒得读书,就应该去读书。这也是因病投药。

➢ 处朋友,务相下,则得益。相上则损。

译文:交朋友,尽力相互谦下,就受益;相互看不起,就招损。

➢ 问:"静时亦觉意思好。才遇事,便不同。如何?"先生曰:"是徒知养静,而不用克己工夫也。如此临事便要倾倒。人须在事上磨,方立得住,方能静亦定,动亦定。"

译文:我问道:"我在心静时,觉得自己想法还好,但一遇到具体事就有变化,这是为什么呢?"先生说:"这是因为你只懂得入静修养,而不下克己的工夫。这样一来,碰上具体事情就稳不住了。人必须在具体事情上磨练,才站得稳,才能做到'静亦定,动亦定。'"

➤ 知者行之始,行者知之成。

译文:知是行的开始,行是知的完成。

➤ 问:"看书不能明如何?"先生曰:"此只是在文义上穿求,故不明。如此,又不如为旧时学问。他到看得多,解得去。只是他为学虽极解得明晓,亦终身无得。须于心体上用功。凡明不得,行不去,须反在自心上体当。即可通。盖四书五经,不过说这心体。这心体即所谓道心。体明即是道明。更无二。此是为学头脑处。"

译文:我请教读不懂书该怎么办。先生说:"这是因为只在文字的表面意义上钻牛角尖,所以弄不明白。如果像这样读书,反而不如做朱熹的学问。他倒是读得多,解得通。只是他治学虽然解释得很清楚,但却终生无所得。治学一定要在自己的心上用功夫。凡是不明白,行不通的,必须返回到自己心中来体悟,就可以读通了。其实四书、五经说的不外就是这个心体,而这个心体就是所谓'道心',体明就是道明。再没有第二个要点了,这是治学最主要的关键。"

➤ 省察是有事时存养,存养是无事时省察。

译文:省察是针对具体事的存养,存养是无事时的省察。

➤ 除了人情事变,则无事矣。喜怒哀乐非人情乎?自视听言动以至富贵贫贱患难死生,皆事变也。事变亦只在人情里。其要只在致中和。致中和只在慎独。

译文:人除了人情事变外,也就没有其他事了。喜怒哀乐,不就是人情?从视、听、言、动,直到富贵、贫贱、患难、死生,都是所谓事变。事变也表现在人情上。用功夫的关键只在"致中和",而"致中和"只在"慎独"。

➤ 精神、道德、言动,大率收敛为主。发散是不得已。天地人物皆然。

译文:精神、道德、言语、举动,大多是以收敛为主,发散乃是迫不得已。天、地、人、物都这样。

➤ 喜怒哀乐,本体自是中和的。才自家着些意思,便过不及,便是私。

译文:喜、怒、哀、乐的本体原来是中和的,只要自己添加些想法,就会过分或不及,也就是私心。

➤ 克己须要扫除廓清,一毫不存方是。有一毫在,则众恶相引而来。

译文:克己必须要扫除廓清,不存一丝一毫的私欲才行。如果有一丝毫的私欲,众恶就会相伴而来。

➤ 问道之精粗。先生曰,"道无精粗。人之所见有精粗。如这一间房。人初进来,只见一个大规模如此。处久便柱壁之类,一一看得明白。再久,如柱上有些文藻,细细都看出来。然只是一间房。"

译文:我曾请教有关道之精粗。先生说:"道无所谓精粗,倒是人的见识有精粗。比如.道就像一间房子,当人们乍一进来,只看见一个大的轮廓。呆久了,就能将柱子、墙壁之类一一看清。再长一点时间,就连柱子上的纹饰都能仔细地看出来。但房子仍是那间房子。"

➤ 只存得此心常见在,便是学。过去未来事,思之何益?徒放心耳。

译文:只要经常存养自己的心,就是学。过去或未来之事,空想着有什么用?只会把自己的心放纵了而已。

➤ 言语无序,亦足以见心之不存。

译文:语无伦次,也就足以发现此人的心还没有存养好。

➤ 工夫难处,全在格物致知上。此即诚意之事。意既诚,大段心亦自正,身亦自修。但正心修身工夫,亦各有用力处。修身是已发边。正心是未发边。心正则中。身修则和。

译文:功夫的难点全在"格物致知"上。这也就是之所以要"诚意"的原因。意如果诚了,心大多也自然能正,身也就自然能修。但,正心、修身的功夫也各有用力之处。修身是就已发之处用功,正心是就未发之处用功。心正了,就有未发之中,身修了、就有中节之和。

➤ 自格物致知至平天下,只是一个明明德。虽亲民亦明德事也。明德是此心之德,即是仁。"仁者以天地万物为一体。"使有一物失所,便是吾仁有未尽处。

译文:"从'格物致知'到平天下",只是一个"明明德",即使"亲民"也是"明德"的事。"明德"是明自己心中的德,也就是仁。"仁者以天地万物为一体",即使有一事一物失其所在,那也是我的仁修养得不到家。

➤ 侃问,"持志如心痛。一心在痛上,安有工夫说闲语,管闲事?"先生曰,"初学工夫如此用亦好。但要使知'出入无时,莫知其乡'。心之神明,原是如此。工夫方有着落。若只死死守着,恐于工夫上又发病。"

译文:薛侃问:"秉持志向如同心痛。一心只在疼痛上,哪有工夫说闲话,管闲事呢?"先生说:"求学者开头像这样用功也好,但要让他知道'出入无时,莫知其乡'这话,要知道心的神明原来就是这样,功夫才有落实处。如果只是一味死守持志,恐怕在下工夫时又有毛病。"

➤ 先生曰:"为学大病在好名。"侃曰:"从前岁,自谓此病已轻。比来精察,乃知全未。岂必务外为人?只闻誉而喜,闻毁而闷,即是此病发来。"曰:"最是。名与实对。务实之心重一分,则务名之心轻一分。全是务实之心,即全无务名之心。若务实之心,如饥之求食,渴之求饮,安得更有工夫好名?"

译文:先生说:"治学最大的毛病在于好名。"我说:"从去年以来,我自以为这种毛病已经减轻了。近来认真体察,才知道完全不是这样。这毛病岂止是为别人而做表面功夫?只要听到赞扬就高兴,听到批评就苦闷,其实也都是这种毛病发作。"先生说:"很对。名与实相互对立。务实的心重一分,求名的心就轻一分。全都是务实的心,也就全无求名的心。如果务实之心如饥时求食,似渴时求饮,哪里还有求名的功夫呢?"

➤ 侃多悔。先生曰:"悔悟是去病之药。以改之为贵。若留滞于中,则又因药发病。"

译文：我经常后悔。先生说："后悔是治病的药，贵在能改正。如果让后悔留滞在心中。那就是因为问药不当而生病。"

➤ 惟乾问："知如何是心之本体？"先生曰："知是理之灵处。就其主宰处说便谓之心。就其禀赋处说便谓之性。孩提之童，无不知爱其亲，无不知敬其兄。只是这个灵能不为私欲遮隔，充拓得尽，便完完是他本体。便与天地合德。自圣人以下，不能无蔽。故须格物以致其知。"

译文：惟乾请教为什么知就是心的本体。先生说："知是理的灵性的体现。就其主宰处而言，就叫做'心'；就其禀赋处而言，就叫做'性'。稚嫩的儿童，无不知道爱自己的父母，无不知道尊敬自己的兄长，是因为这灵性还没有被私欲所遮隔。如果能就此继续发展充实，就完完全全是心的本体，就与天地合德。圣人以下的人，不能没有遮隔，所以必须格物来获取知识。"

➤ 萧惠问死生之道。先生曰："知昼夜，即知死生。"问昼夜之道。曰："知昼则知夜。"曰："昼亦有所不知乎？"先生曰："汝能知昼，懵懵而兴，蠢蠢而食。行不著，习不察。终日昏昏，只是梦昼。惟'息有养，瞬有存'。此心惺惺明明，天理无一息间断，才是能知昼。这便是天德。便是通乎昼夜之道而知。更有甚么死生？"

译文：萧惠请教生死之道。先生说："懂得了白天夜晚，也就明白了生死。"萧惠又请教白天夜晚的道理。先生说："懂得了白天，也就懂得了夜晚。"萧惠问："难道有谁不懂得白天吗？"先生说："你所知道的白天，不过是懵懵懂懂起床，糊糊涂涂进食、行为不自觉，习焉不察，成天昏昏沉沉过日子，这是梦幻的白天。只有那'息有养，瞬有存'，让自己的心清清醒醒、明明白白，天理不会间断一刻的，才算是懂得白天。这就是天德，就是通晓白天夜晚之道，然后才能知道什么是生死。"

卷中

➤ 知之真切笃实处，即是行，行之明觉精察处，即是知。知行工夫，本不可离。

只为后世学者分作两截用功，失却知行本体，故有合一并进之说。真知即所以为行，不行不足谓之知。

译文：知的真切笃实处，是行，而行的精明觉察处，就是知，知与行的功夫本来就不可分离。只因后代的学者将它们分为两截用功，才失去了知和行的本体，所以才有"知行合一"、"知行并进"的观点。真知就是用来指导行的，不行就不算得知。

➤ 大抵吾人为学紧要大头脑，只是立志。所谓困忘之病，亦只是志欠真切。

译文：一般说来，我们做学问最要紧、最核心的，只是立志。你所提到的困惑和忘记的毛病，只因为志向还欠真切。

➤ 是有意于求宁静，是以愈不宁静耳。夫妄心则动也，照心非动也。恒照则恒动恒静，天地之所以恒久而不已也。照心固照也，妄心亦照也。"其为物不贰，则其生物不息。"有刻暂停，则息矣，非至诚无息之学矣。

译文：这是你刻意去宁静，所以就越不宁静，至于说妄心，本来就是动的，而照心，却是不动的。恒照就能恒动恒静，这就是天地恒久不息的原因。照心固然是光明的，而妄心也是光明的，正是"其为物不贰，则其生物不息"，如果无一刻的停息，生物就灭亡了，也就不是"至诚无息"的学问了。

➤ 性无不善，故知无不良，良知即是未发之中，即是廓然大公、寂然不动之本体，人人之所同具者也。但不能不昏蔽于物欲，故须学以去其昏蔽。然于良知之本体，初不能有加损于毫末也。知无不良，而中寂大公未能全者，是昏蔽之未尽去，而存之未纯耳。体即良知之体，用即良知之用，宁复有超然于体用之外者乎？

译文：性无不善，所以才知无不良。良知的确也就是未发之中，也就是廓然大公和寂然不动之本体。这一点，是人人所共同具备的，但不可能不被物欲所蒙蔽，所以必须通过学习除去蒙蔽。然而，这对良知的本体并不能有丝毫的减损。知无不良，而中寂大公之所以未能保全，是因为蒙蔽还没有完全除尽，存念还不纯正而已。心体之用就是良知之用，难道还有超然于体用之外的东西吗？

➢ 夫人者,天地之心。天地万物,本吾一体者也。生民之困苦荼毒,孰非疾痛之切于吾身者乎？不知吾身之疾痛,无是非之心者也。是非之心,不虑而知,不学而能,所谓良知也。良知之在人心,无间于圣愚,天下古今之所同也。

译文：人,乃是天地的心,而天地万物,与我本为一体。百姓的困苦荼毒,哪一件不是我们的切肤之痛？要是连自己身上的疾苦都不知道,就是没有是非之心。是非之心,是不必思虑就能知晓,不必学习就能获得的,也就是所谓"良知"。良知在人的心中,不论是圣人愚者都没有区别,这是天下古今都相同的。

卷下

➢ 耳目口鼻四肢,身也,非心安能视听言动？心欲视听言动,无耳目口鼻四肢亦不能。故无心则无身,无身则无心。但指其充塞处言之谓之身,指其主宰处言之谓之心,指心之发动处谓之意,指意之灵明处谓之知,指意之涉着处谓之物,只是一件。意未有悬空的,必着事物。故欲诚意,则随意所在其事而格之,去其人欲而归于天理,则良知之在此事者无蔽而得致矣。此便是诚意的功夫。

译文：耳朵、眼睛、嘴巴、鼻子及四肢,都是身体的一部分,如果没有心,它们怎么能听、能看、能说、能动呢？如果光是心想去听、看、说、动,却没有耳朵、眼睛、嘴巴、鼻子、四肢,也办不到。所以说,没有心的功能,就没有身体的功能；没有身体的功能,也就没有心的功能。只是就充塞全身的角度说,称为"身"；就全身的主宰角度说,称为"心"；就心发动的角度说,称为"意"；就意灵明的角度说,称为"知"；就意涉及的角度说,称为"物"。都是一回事。"意"不会悬空存在,一定要附着于一定的事物。所以,想诚意就应该随意之所在事物而去"格",就应该去其人欲,归于天理,而良知在这件事上,就不会受蒙蔽而获得"致"了,这就是诚意的功夫。

➤ 这良知人人皆有。圣人只是保全无些障蔽,兢兢业业,亹亹翼翼,自然不息,便也是学。只是生的分数多,所以谓之生知安行。众人自孩提之童,莫不完具此知,只是障蔽多,然本体之知自难泯息,虽问学克治,也只凭他。只是学的分数多,所以谓之学知利行。

译文:这良知人人都有,圣人只是保全了它,没有障蔽,兢兢业业,勤勤恳恳,良知自然不会息止。这也就是学,只是天生的成分多一些,所以称之为"生知安行"。一般人在孩提的幼童时代没有不完全具备的。只是障蔽多了,但就是如此,本体的良知也难以泯灭。虽然通过求学克服等,也只是靠着它,不过是求学的分量大,所以称之为"学知利行"。

➤ 既去恶念,便是善念,便复心之本体矣。譬如日光被云来遮蔽,云去光已复矣。若恶念既去,又要存个善念,即是日光之中添燃一灯。

译文:去掉恶念后,剩下的就是善念,就已经恢复了心的本体了。譬如太阳光被云遮蔽,云散后太阳光就恢复了。如果恶念已经除去,还要心存善念,就是在太阳光中再点燃一盏油灯了。

➤ 人生大病,只是一傲字。为子而傲必不孝,为臣而傲必不忠,为父而傲必不慈,为友而傲必不信。故象与丹朱俱不肖,亦只一傲字,便结果了此生。诸君要体此人心本是天然之理,精精明明,无纤介染著,只是一无我而已:胸中切不可有,有即傲也。古先圣人许多好处,也只是无我而已,无我自能谦。谦者众善之基,傲者众恶之魁。

译文:人生的最大毛病,只是一个"傲"字。做儿子的如果骄傲,一定不孝;做臣子的如果骄傲,一定不忠;做父亲的如果骄傲,一定不慈;是朋友的如果骄傲,一定不信。所以,象和丹朱都不肖,也只是一个"傲"字就结束了一辈子。诸君要经常体悟,人心本来是天然的这个道理,它精精明明,没有一丝一毫的沾染,这里只是一个"无我"而已。胸中切切不能"有"。有,就是傲。古代的圣人有很多优点,但主要也就是无我而已。无我,就自然能谦虚。谦虚,是众善的基础;而骄傲,是众恶的魁首。

参考文献

《王阳明全集》(全二册)(明)王守仁撰,吴光、钱明、董平、姚延福编校,上海古籍出版社1992年版

《明史》(清)张廷玉等撰,中华书局点校本,1974年版

《中国思想史》第二卷《七世纪至十九世纪中国的知识、思想与信仰》葛兆光著,复旦大学出版社2001年版

《有无之境:王阳明哲学的精神》陈来著,生活·读书·新知三联书店2009年版

《岩中花树》赵柏田著,中华书局2007年版

《传奇王阳明》董平著,商务印书馆2010年版

《明朝一哥王阳明》吕峥 著,万卷出版公司2010年版

《大儒王阳明》周月亮 著,海南出版社2010年版

图书在版编目(CIP)数据

征服日本的圣人王阳明 / 孟琳著. -- 上海：华东师范大学出版社, 2013.1
ISBN 978-7-5617-9991-8

I. ①征… II. ①孟… III. ①王守仁(1472～1528)—传记 IV. ①B248.2

中国版本图书馆 CIP 数据核字(2012)第 245801 号

华东师范大学出版社六点分社
企划人　倪为国

本书著作权、版式和装帧设计受世界版权公约和中华人民共和国著作权法保护

征 服 日 本 的 圣 人 王 阳 明

著　　者　　孟　琳
责任编辑　　古　冈
封面设计　　何　珈
出版发行　　华东师范大学出版社
社　　址　　上海市中山北路 3663 号　邮编　200062
网　　址　　www.ecnupress.com.cn
电　　话　　021－60821666　行政传真　021－62572105
客服电话　　021－62865537
门市(邮购)电话　　021－62869887
地　　址　　上海市中山北路 3663 号华东师范大学校内先锋路口
网　　店　　http://hdsdcbs.tmall.com
印　刷　者　　上海市印刷十厂有限公司
开　　本　　787×1092　1/16
插　　页　　1
印　　张　　14.25
字　　数　　130 千字
版　　次　　2013 年 1 月第 1 版
印　　次　　2013 年 1 月第 1 次
书　　号　　ISBN 978-7-5617-9991-8/K・372
定　　价　　29.80 元
出 版 人　　朱杰人

(如发现本版图书有印订质量问题，请寄回本社客服中心调换或电话 021-62865537 联系)